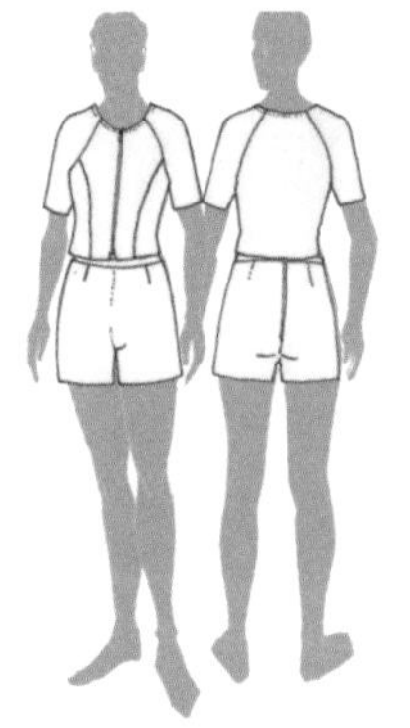
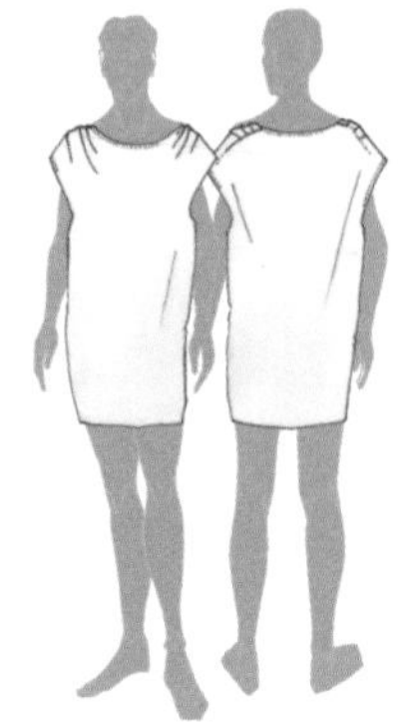

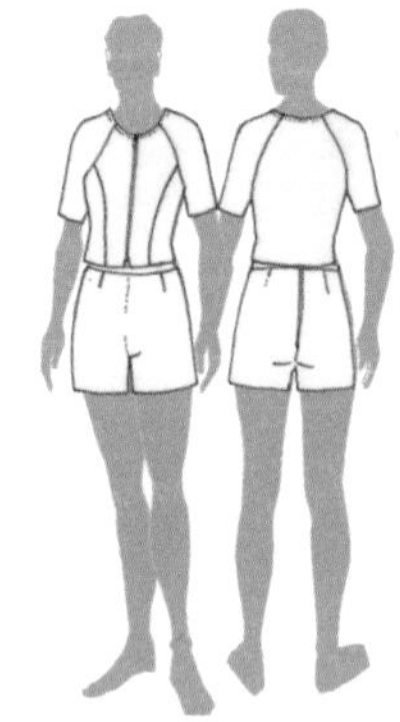
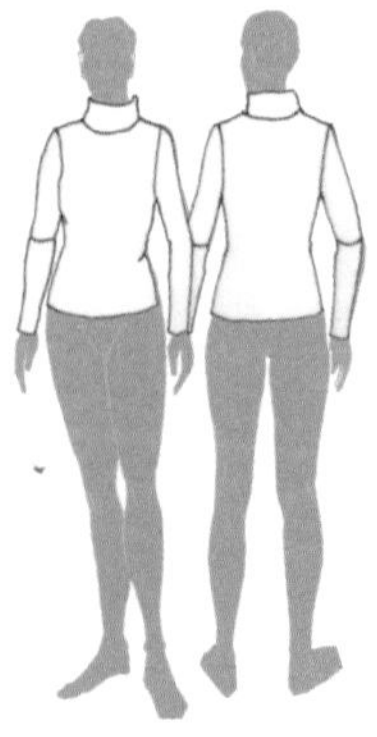
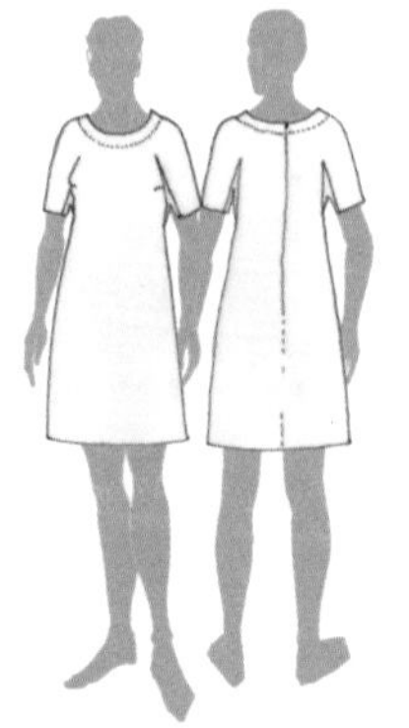
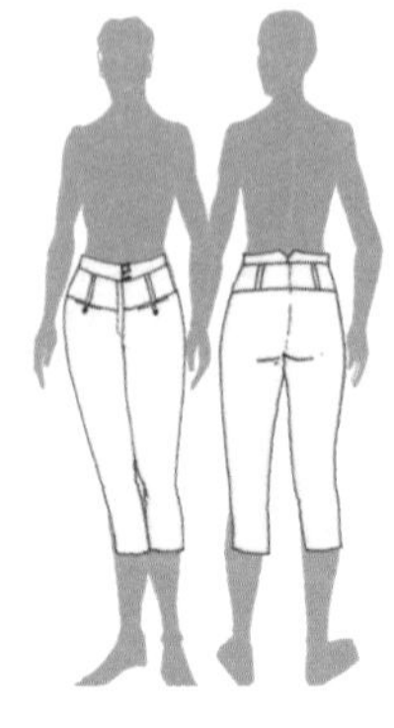

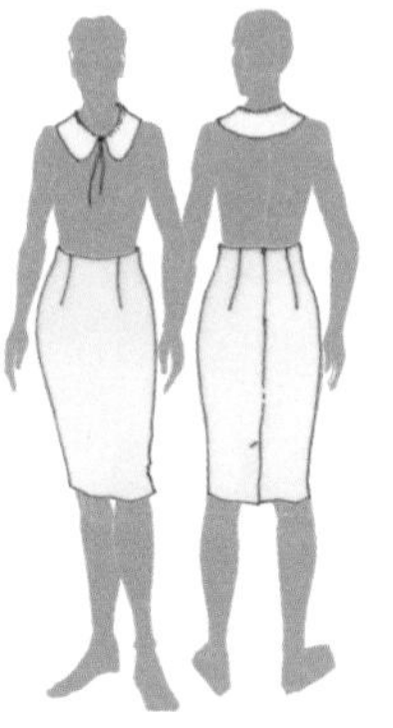

COUDRE AVEC

1 MÈTRE DE TISSU

une collection de
Marijke Sileghem

L'embobineuse

1 M

Le défi que ce livre se propose de relever est de confectionner les indispensables de votre dressing : robe, jupe, pantalon, chemisier, veste... tout en utilisant, pour chaque modèle, juste un petit mètre de tissu.

Vous trouverez dans ce livre :

- des patrons originaux, en taille réelle (Small, Medium et Large) accompagnés de conseils pour les adapter à votre morphologie,

- des pas à pas détaillés et illustrés, pour aborder en toute sérénité les techniques de base,

- les photographies des modèles réalisés dans des matières très différentes,

- et surtout, les clés qui vous permettront d'oser vous lancer dans des variantes et déclinaisons créatives.

ÈTR

Nous vous proposons toute une série de patrons conçus spécialement pour ce livre par la créatrice Marijke Sileghem. Tous les modèles ont été testés à maintes reprises par ses étudiants sytlistes de l'académie Westhoek.

Vous trouverez dans ce livre les photographies de leurs réalisations. Les étudiantes ont accepté de poser pour les présenter et nous les en remercions chaleureusement.

Toutes ces variantes vont vous permettre de visualiser les différents rendus de ces patrons lorsqu'ils sont confectionnés dans des tissus très différents. Regardez par exemple la robe à trapèze, réalisée page 81 dans une soie d'été colorée et comparez sa réalisation page 110. Elle s'est transformée en une ravissante petite robe noire idéale pour une soirée habillée.

Plus parlant encore, les différentes réalisations du patron « chemisier à col plat » proposé page 121. Le choix du tissu, du col, du système de fermeture a varié selon les couturières et nous obtenons un joli chemisier habillé, une veste confortable ou une veste tailleur qui plairait certainement à Karl...

Maintenant, à vous de jouer ! Consultez les collections et les idées de combinaisons des pages 40, 64, 90 et 110 et piochez dans vos coupons !

RE

{ TABLE DES MATIÈRES

{ NE PERDEZ PAS LE FIL !

Les patrons de tous les modèles de cet ouvrage peuvent être taillés dans 1 mètre de tissu. Même les ensembles de deux pièces peuvent être coupés dans un seul mètre d'étoffe.

La planche de patron présente les pièces selon un plan de coupe pratique : vous pouvez les relever sur une grande feuille de papier de 70 cm sur 1 m, les placer sur le tissu et les épingler. Il vous sera ensuite aisé de découper toutes les pièces (papier et tissu ensemble). Pour ne pas trop malmener vos ciseaux, choisissez un papier à patron assez fin. **Et n'oubliez pas que les marges de couture ne sont pas incluses dans les patrons.** Il faut donc couper en laissant une marge de 1 cm autour de chaque pièce de patron.

Les planches de patron prévoient suffisamment d'espace pour caser ce centimètre de marge dans votre métrage de tissu.

Ce livre présuppose pour chaque modèle **une largeur de tissu standard de 1,40 m**.

Si le tissu choisi est plus large ou plus étroit, mieux vaut découper séparément toutes les pièces du patron et adapter légèrement leur disposition sur le tissu. Peut-être utiliserez-vous ainsi encore moins de tissu !

Prenez soin toutefois de bien respecter le sens des patrons. Vous verrez que, dans certains cas, le plan de coupe indiqué préconise une orientation différente des pièces les unes par rapport aux autres, et que les manches sont parfois composées de deux parties.

Certaines pièces sont même disposées tête-bêche ou perpendiculairement les unes aux autres. Cela ne s'applique toutefois qu'aux pièces qui exigent l'usage d'un entoilage thermocollant / pièces à thermocoller, ou lorsque le tombé du vêtement le permet.

Bien entendu, ces choix sont aussi guidés par la volonté d'utiliser de façon optimale votre coupon.

Si votre tissu a un sens, comme le velours par exemple, il faut positionner toutes les pièces du patron dans le même sens. La disposition devra aussi être modifiée dans le cas de tissus à motif ou comportant un dessin. Ces tissus nécessitent donc un métrage plus important. Pour les tissus souples et extensibles, la règle veut que l'on entoile les parementures, cols et ceintures. Coupez ces pièces en entoilage thermocollant et appliquez-les au fer à repasser, le côté collant contre l'envers du tissu.

Toutes les étapes de la réalisation des modèles sont décrites une à une. Le chapitre « Premiers pas pour chaque modèle » de la page 14 vous explique les premières étapes indispensables pour leur confection.

{ PREMIERS PAS POUR CHAQUE MODÈLE

Cette introduction s'applique à chacun des modèles présentés dans ce livre. Suivez l'ensemble de ces étapes avant de vous lancer dans la confection de votre chef-d'œuvre.

1 RELEVEZ LE PATRON, POSEZ SUR LE TISSU ET COUPEZ

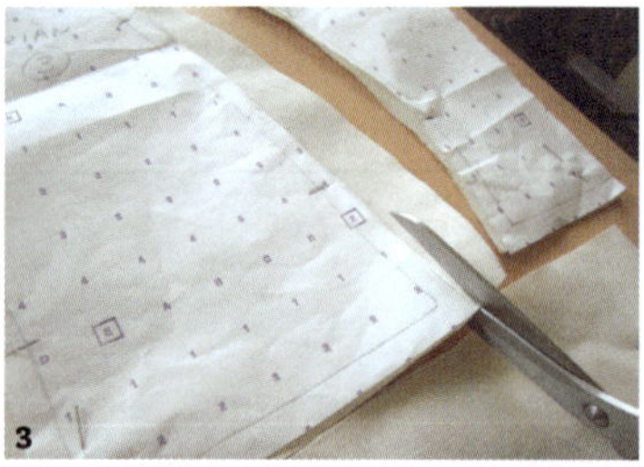

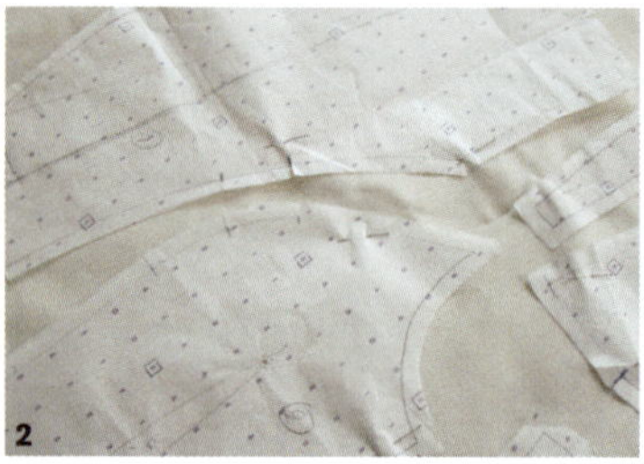

1 / Relevez les pièces du patron en suivant le tracé correspondant à votre taille. « Small » est indiqué par des pointillés, « medium » par une ligne continue et « large » par des tirets. Ajoutez une marge de couture de 1 cm autour de chaque pièce.

2 / Pliez le tissu et disposez les pièces d'après le plan de coupe, puis épinglez-les bien à plat sur le tissu. Prenez soin de vérifier de quel côté se trouve le pli du tissu. Il faut parfois plier le tissu des deux côtés. Le patron comporte alors une ligne de tirets sur laquelle se rejoignent les lisières de l'étoffe. Si votre coupon a une largeur de standard de 1,40 m, le plan de coupe y rentrera parfaitement.

Dans ce cas, vous pouvez relever toutes les pièces sur une grande feuille, épingler cette feuille au tissu, et couper le tissu et le papier en même temps. N'oubliez pas d'ajouter les marges de 1 cm, elles ne sont pas comprises dans les patrons.

3 / Munissez-vous de bons ciseaux de tailleur et découpez les pièces du patron en utilisant toute la longueur des lames. Pour éviter de soulever le tissu, faites glisser la lame des ciseaux sur la table.

4 / Avec la pointe des ciseaux, pratiquez de petites entailles (ou « crans ») en guise de repères de couture. Ces entailles ou « crans de montage » sont les points de repère qui vous permettront de faire concorder les pièces entre elles.

2
REPORTEZ LES REPÈRES DE COUTURE ET FORMEZ LES PINCES

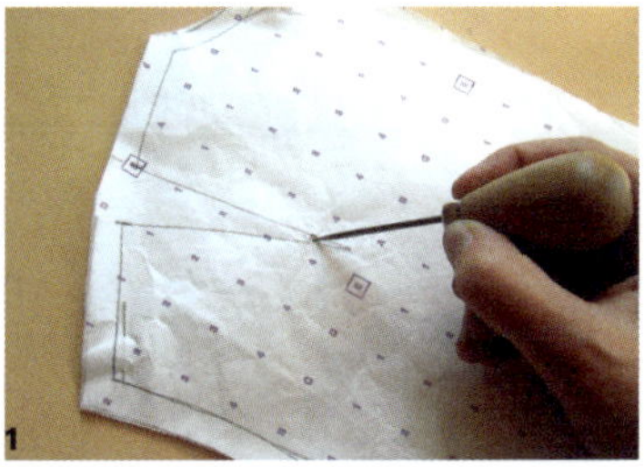

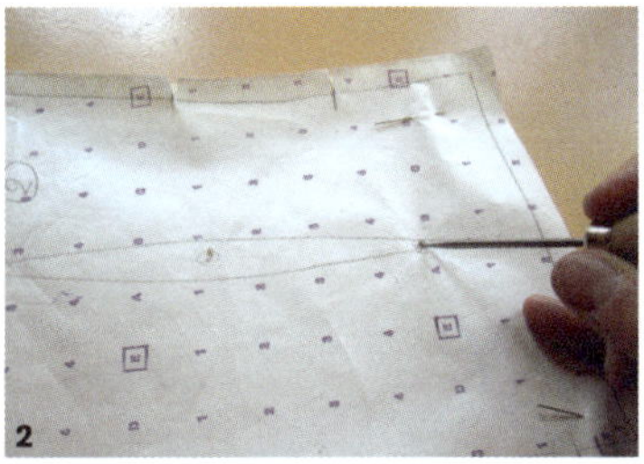

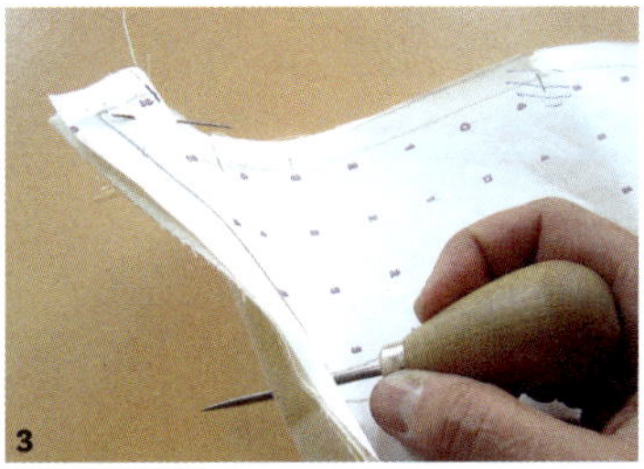

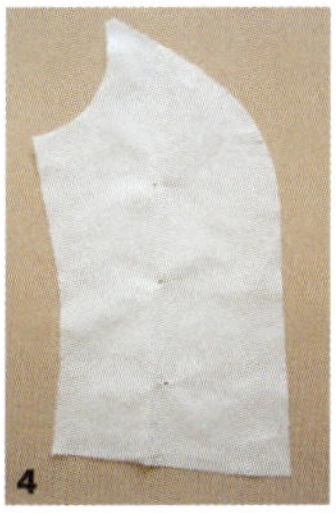

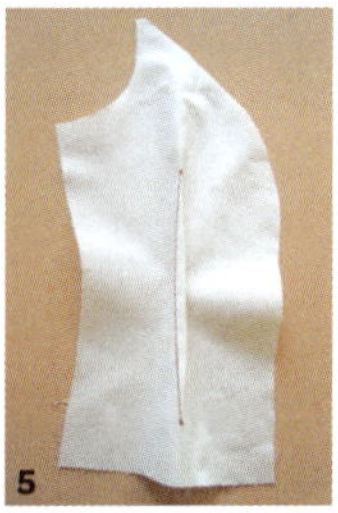

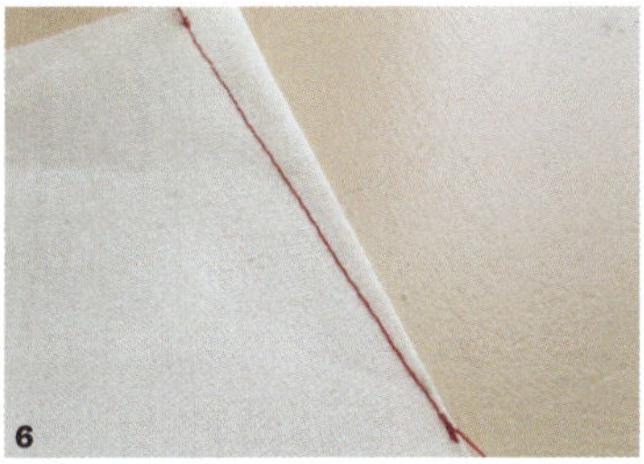

1 / Sur la photo, la pince part du bord du tissu et se termine en pointe. Marquez les « bras » de la pince par de petites entailles dans la marge de couture et percez un trou dans la pointe à l'aide d'un poinçon.

2 / Cette pince en forme de fuseau comporte deux pointes : à l'aide d'un poinçon, perforez chacune des pointes, à 1 cm de l'extrémité. Cela vous permettra de terminer votre piqûre juste derrière ce trou.

3 / N'hésitez pas à traverser complètement le tissu. Le poinçon écarte les fibres du tissu sans les endommager. Ces trous resteront visibles pendant que vous confectionnez le vêtement et disparaîtront après le repassage.

4 / Les perforations forment des repères qui s'estompent plus ou moins vite en fonction du type de tissu. Si nécessaire, utilisez un poinçon plus épais ou marquez l'emplacement de la perforation sur chaque épaisseur avec des épingles ou de petits autocollants.

5 / Sur cette photo, la pièce de patron comporte une pince en forme de fuseau. Pliez le tissu sur l'axe formé par les trous. Piquez la pince : commencez par une pointe (sur la pliure du tissu) et piquez vers l'endroit le plus large de la pince pour terminer ensuite par l'autre pointe.

6 / Sur cette photo, la pince part du bord du tissu et se termine en pointe juste après la perforation. Faites de petites entailles dans la marge de couture pour marquer les « bras » de la pince et percez un trou dans la pointe.

7 / Terminez votre piqûre juste après la perforation en dirigeant vos derniers points le long de la pliure du tissu pour adoucir la pointe.

3 ÉPINGLEZ AVEC MODÉRATION, PIQUEZ SANS BÂTIR ET REPASSEZ

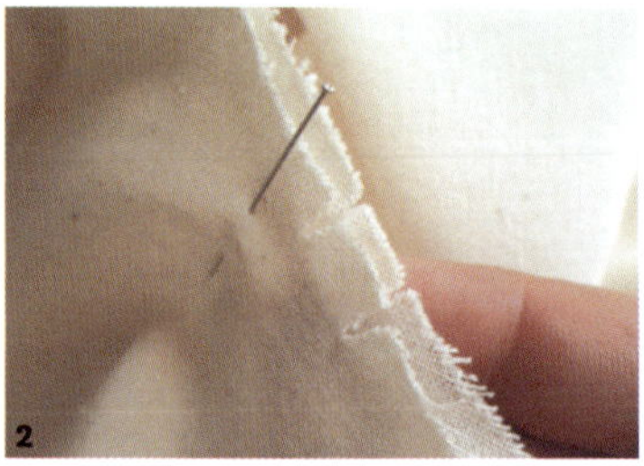

1 / Utilisez le moins possible d'épingles pour les coutures droites. Maintenez soigneusement les deux épaisseurs de tissu entre les doigts et piquez de repère à repère. Vous pouvez retenir ou pousser légèrement le tissu pour faire coïncider à chaque fois les repères de couture. Même pour les coutures rondes, une fois que vous aurez pris l'habitude de maintenir le tissu en place et de le guider sous le pied de la machine, les épingles deviendront vite superflues.

Pour faciliter la manipulation de votre ouvrage, gardez toujours le plus gros volume de tissu à gauche de la machine.

2 / Veillez à faire coïncider parfaitement les repères des pièces à assembler. Si vous craignez que le tissu ne glisse, placez quelques épingles à côté des repères, perpendiculairement à la ligne de couture. Attention : pour éviter les faux plis au niveau des épingles, il est préférable de retirer les épingles au fur et à mesure que vous piquez.

3 / Repassez régulièrement les coutures entre les étapes de la réalisation. Cela facilite le travail et donne un bien meilleur rendu.

LES DIFFÉRENTS TYPES DE COUTURES

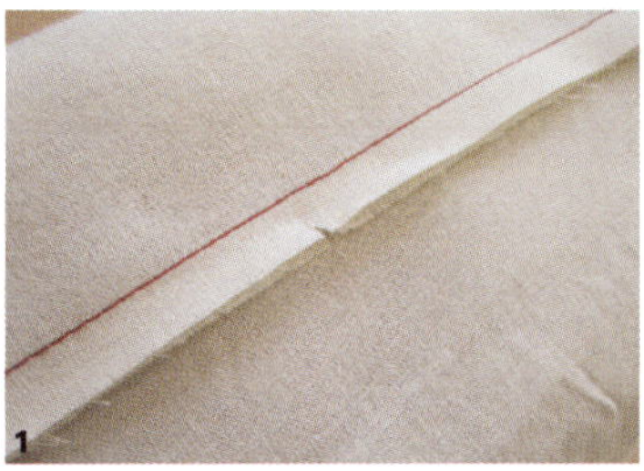
1

2

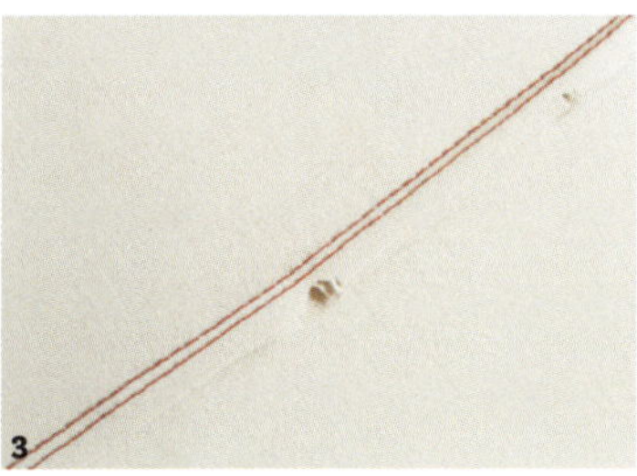
3

4

1 / Couture fermée : les deux marges de couture sont couchées et repassées sur un même côté. Elles sont ensuite surfilées ensemble au point zigzag ou à la surjeteuse.

2 / Couture ouverte : chacun des bords est surfilé séparément au point zigzag ou à la surjeteuse avant de piquer. On ouvre ensuite la couture au fer à repasser.

3 / Couture élastique : réalisée avec une aiguille double, elle donne une piqûre double sur l'endroit et un point zigzag sur l'envers. Piquez du côté où vous souhaitez que la piqûre double soit apparente. Les marges de couture se coucheront automatiquement vers l'autre côté (celui du zigzag). Surjetez ensemble les deux épaisseurs.

4 / Couture avec embu : les deux pièces à assembler n'ont pas la même longueur. Ainsi, même en faisant coïncider les repères, de légères fronces vont se former sur l'un des bords. Dans une tête de manche par exemple, le bord de la manche est plus long que le tour d'emmanchure. Cette différence est volontaire, car elle permet de créer le bombé naturel de l'épaule. Il faut donc répartir le tissu de manière uniforme entre les repères.
Placez un nombre suffisant d'épingles perpendiculaires à la couture pour pouvoir piquer dessus. Lissez le tissu pendant que vous piquez afin d'éviter la formation de faux plis (au niveau des épingles). Couchez et repassez les marges de couture vers la pièce la plus longue (en l'occurrence, la manche).

SURFILER AU POINT ZIGZAG OU À LA SURJETEUSE ?

La surjeteuse permet un travail rapide et soigné, mais elle n'est pas indispensable. Avec une machine à coudre ordinaire, vous pouvez aussi surfiler les bords du tissu au point zigzag pour éviter qu'ils ne s'effilochent.

Toutefois, la surjeteuse offre bien plus de possibilités pour les étoffes glissantes et souples.
Le transport différentiel empêche en effet l'étirement et la déformation des bords du tissu.

Prenez soin de cranter les coutures rondes avant de les surfiler au point zigzag ou à la surjeteuse, sinon il vous faudra entailler ces finitions.

{ TAILLES ET MESURES

	S = Small	**M = Medium**	**L = Large**
Tour de poitrine	86 cm	94 cm	102 cm
Tour de taille	68 cm	76 cm	84 cm
Tour de hanche	96 cm	104 cm	112 cm

Les patrons de ce livre sont proposés dans les tailles Small (pointillés), Medium (ligne continue) et Large (tirets). Pour chaque taille, les patrons peuvent être coupés dans 1 mètre de tissu d'une largeur standard de 1,40 m. Avec un Small, vous aurez automatiquement plus de chutes de tissu qu'avec un Large, qui exploite chaque centimètre disponible. Si vous faites une taille supérieure au L ou inférieure au S, il vous suffit tout simplement d'adapter les patrons à vos mensurations. Vous aurez alors besoin d'un peu plus ou d'un peu moins de tissu.

Le tableau des mensurations indique une différence de 8 cm entre chaque taille. En suivant cette logique de gradation, vous pourrez tracer les patrons des tailles Extra Small et Extra Large. Extra Small = 78 cm / 60 cm / 88 cm et Extra Large = 110 cm / 92 cm / 120 cm.

Parce que chaque femme est unique, presque tous les modèles comportent des pinces de cintrage qui permettent d'ajuster facilement le modèle à votre silhouette.

Vous avez une poitrine généreuse et une taille fine ? Élargissez les pinces de cintrage afin de creuser la taille de la robe, de la veste ou du chemisier. Votre silhouette est plutôt longiligne, avec peu de rondeurs ? Rétrécissez ces pinces ou supprimez-les tout simplement.

Certaines femmes ont des hanches rondes et une petite carrure, d'autres au contraire ont des hanches peu marquées et une poitrine plantureuse. Les unes ont une taille relativement droite, tandis que d'autres sont bâties en sablier !

Aucun souci : confectionnez le haut dans une taille et le bas dans une autre. Ou bien modifiez le modèle en cours de réalisation en resserrant ici et là quelques coutures. Souvenez-vous toutefois qu'il est plus facile de rétrécir un vêtement que de l'agrandir. Les pinces de cintrage supplémentaires prévues dans presque tous les modèles sont vos meilleures alliées ! Quant aux pantalons, leurs ceintures comportent des coutures que vous pouvez aisément resserrer si nécessaire.

Le choix du tissu influe grandement sur le rendu de votre vêtement. Les patrons ont été élaborés pour des tissus ordinaires, non extensibles. Ceci dit, de très nombreuses matières sont aujourd'hui légèrement extensibles, ce qui améliore le confort. En fonction de l'élasticité du tissu, vous pouvez adapter l'aisance du modèle, voire même couper votre patron dans une taille de moins que votre taille habituelle. Un Small correspondra ainsi à un Medium, et un Large à un Extra Large.

PLAN DE COUPE SUR
1 MÈTRE DE TISSU

LE BLOUSON PERFECTO

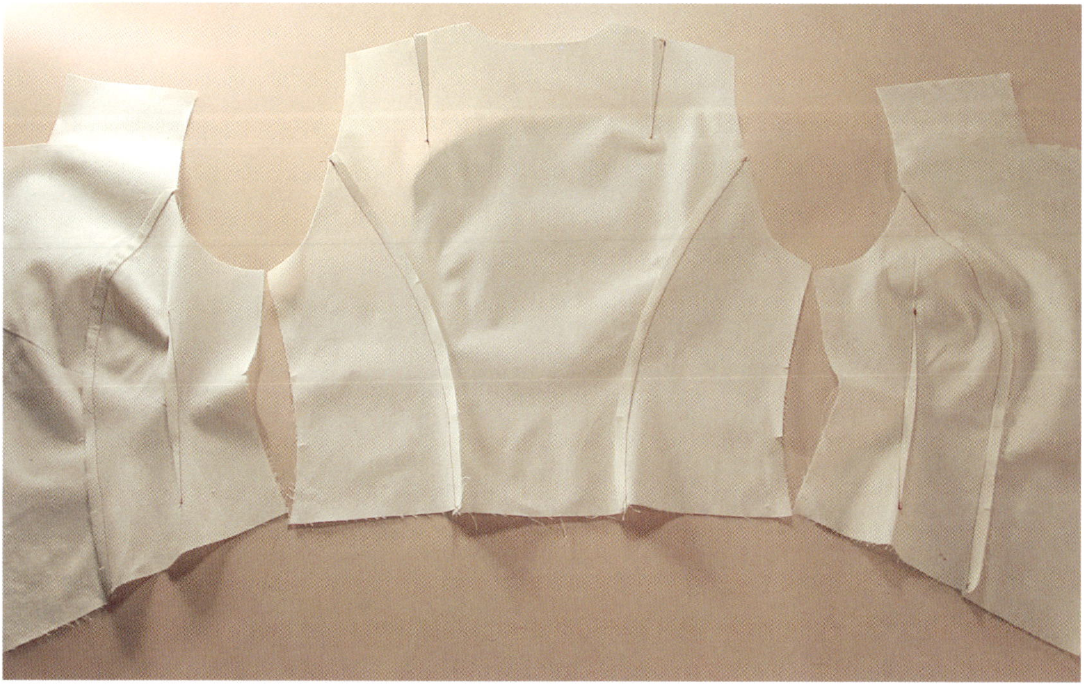

1/

Consultez les premières étapes décrites à la p. 14 : placez les pièces du patron sur le tissu, découpez-les et reportez-y les repères de couture. Disposez les pièces sur la table dans leur position finale (celle dans laquelle elles seront assemblées). Piquez toutes les pinces et les coutures du devant et du dos (couture fermée).

Repassez les coutures du devant vers le M devant, et celles du dos vers le M dos. Assemblez les coutures d'épaule du col et des parementures (couture ouverte).

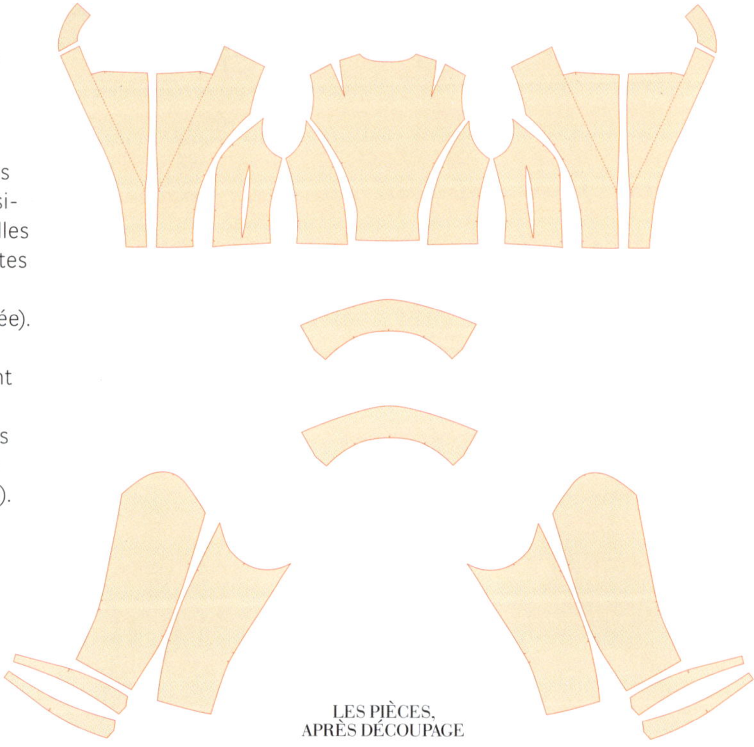

LES PIÈCES, APRÈS DÉCOUPAGE

Il vous faudra :

- Tissu : 1 m de toile solide, jean, jean élastique pour plus de confort, gabardine de laine, simili cuir, imitation daim ou polaire
- 1 fermeture à glissière de 40 cm, séparable, de préférence en métal et à grosses mailles
- 3 m de biais replié pour les finitions (fermeture, bords inférieurs, parementure du col et poignets)
- Tissu thermocollant (50 x 55 cm)

2/
Avec le pied fermeture à glissière, piquez le ruban droit de la fermeture séparable sur le devant droit, endroit contre endroit. Les dents de la fermeture sont orientées vers le côté.

3/
Piquez la parementure droite sur le devant droit, endroit contre endroit, en prenant en sandwich le ruban de la fermeture à glissière. Piquez parallèlement à la couture précédente.

4/
Voici l'intérieur du blouson : le ruban droit de la fermeture est pris dans la couture, entre les deux épaisseurs de tissu.

5/
Retournez le panneau, endroit vers vous. Posez un biais assorti ou une bande de tissu « à cheval » sur le bord du ruban gauche de la fermeture.

6/
Avec le pied fermeture à glissière, piquez le ruban gauche de la fermeture séparable sur la bande de tissu.

7/
Rabattez le tissu sur le bord de la fermeture puis surpiquez avec le pied fermeture à glissière.

Si vous choisissez de remplacer la fermeture à glissière par un boutonnage, vous pouvez réaliser une boutonnière passepoilée à partir d'une simple chute de tissu.

COL

8/

Piquez le ruban gauche de la fermeture sur le devant gauche (ligne pointillée du patron). Au niveau de l'encolure, faites en sorte que le haut de la fermeture disparaisse dans l'entaille diagonale qui vous sera nécessaire par la suite pour piquer le coin du col.

9/

Piquez les coutures d'épaule du blouson (couture fermée) et assemblez les parementures par la couture du M dos (couture ouverte).

10/

Le corps du blouson est prêt, passons maintenant au col et aux manches !

11/

Disposez les pièces du col de manière à pouvoir épingler le dessous de col sur l'encolure et le dessus de col sur la parementure.

12/

Épinglez soigneusement les coins du col. Écartez l'entaille diagonale des devants pour pouvoir les épingler au coin du col.

13/

Piquez le col sur l'encolure par une couture ouverte. Pour marquer un angle bien net, laissez l'aiguille de la machine enfoncée dans le tissu, levez le pied presseur et tournez le tissu. Piquez l'angle le plus précisément possible avec un point court.

14/

Voici le dos du blouson : vous voyez les pièces du col cousues sur l'encolure et la parementure. Les coins du col ont aussi été piqués.

15/

Retournez le blouson sur l'envers. Superposez et épinglez les pièces du col, endroit contre endroit. Piquez le bord extérieur du col en décalant les marges de couture de quelques millimètres. Vous rétrécissez ainsi la marge du dessus de col par rapport à celle du dessous qui reste de 1 cm.

Le dessus de col (cousu à la parementure) est donc un peu plus long que le dessous : cela est nécessaire pour obtenir un joli tombé. Assurez-vous que les piqûres se rejoignent bien dans les coins, de chaque côté du col. Prenez soin de commencer et d'arrêter les piqûres exactement dans les pointes, sinon ces piqûres risquent de « tirer » une fois le col retourné.

16/

Crantez et dégarnissez les marges de couture et les angles pour éviter les surépaisseurs.

17/

Retournez le col sur l'endroit. La parementure prend sa place à l'intérieur du blouson. Lorsque vous repassez le col, la couture du bord bascule sur le dessous du col et n'est pas visible sur le dessus.

Pour un blazer plus classique, vous pouvez remplacer la fermeture à glissière par une fermeture boutonnée.

FINITIONS INTÉRIEURES

18/
Les modèles de ce livre ne sont pas doublés, mais vous pouvez éventuellement border la parementure d'un biais assorti à votre tissu.

19/
La pose d'un biais sur le bord de la parementure donne de jolies finitions intérieures. Accroché au portemanteau, votre vêtement aura ainsi plus belle allure. Mais vous pouvez aussi surpiquer la parementure sur le corps du blouson après avoir cousu l'ourlet.

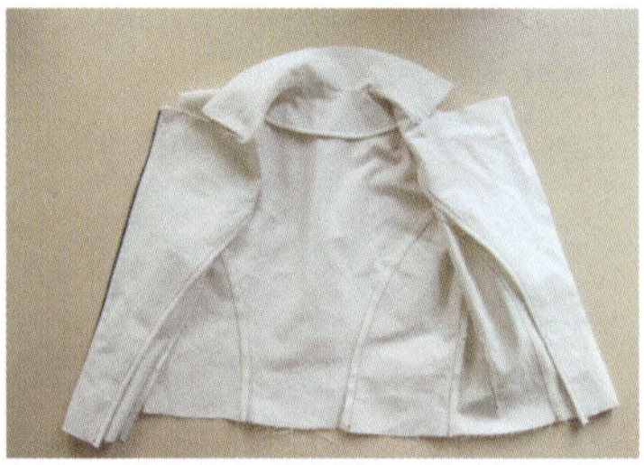

MANCHES

20/
Assemblez les manches en deux pièces par une couture fermée.

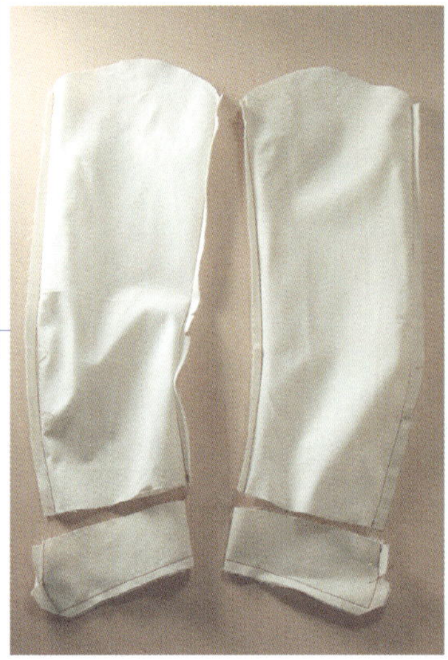

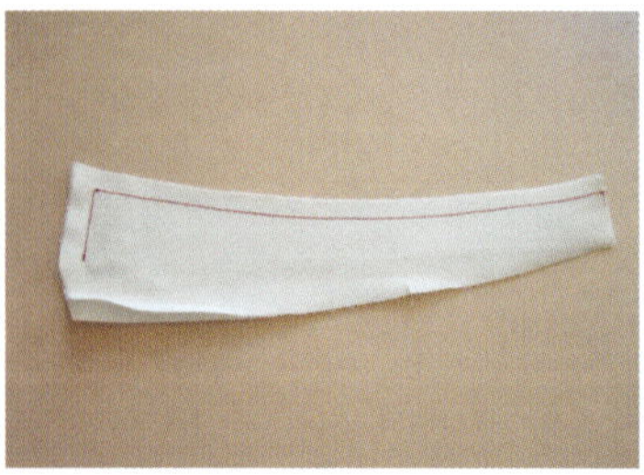

21/
Piquez le bord des poignets à revers en pointe.

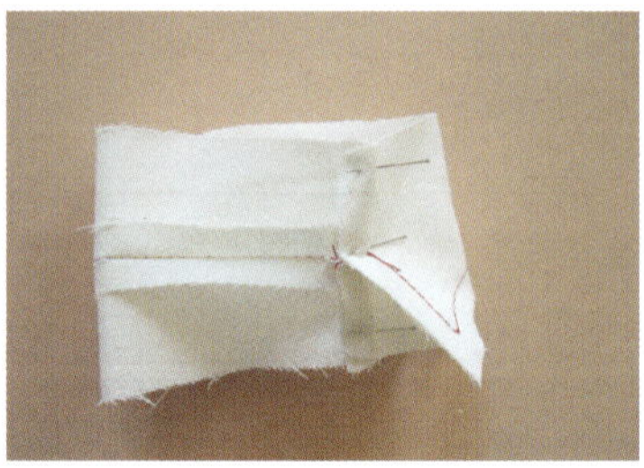

22/
Fermez les poignets en rond.

23/

Commencez et arrêtez la couture au ras de la marge de couture de la pointe du revers. Ne piquez pas dans la marge.

24/

Dégarnissez les marges de couture et les angles pour éviter les surépaisseurs.

25/

Placez le poignet sur la manche en alignant la couture de la pointe du revers avec celle du dessus de la manche. Le revers se situe donc sur le dessus du bras, vers l'extérieur.

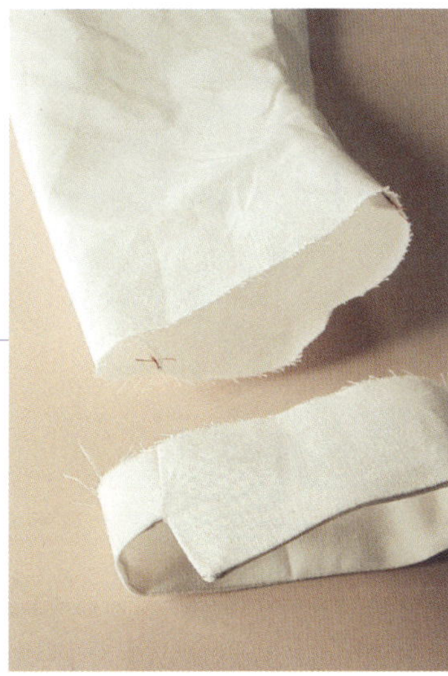

26/

Piquez la base du poignet sur le bas de la manche.

27/
Retournez la manche sur l'endroit et insérez-la dans le blouson retourné sur l'envers.

28/
Épinglez la tête de manche en utilisant suffisamment d'épingles pour répartir l'embu de manière uniforme. Placez les épingles perpendiculairement à la ligne de couture pour pouvoir piquer dessus.

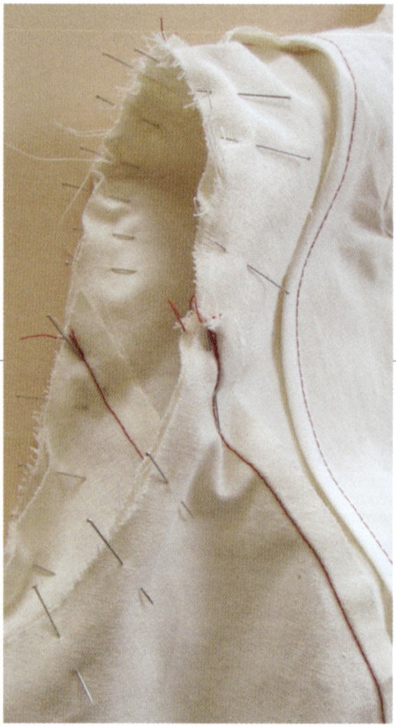

29/

Retournez le blouson sur l'endroit et repassez les marges de couture de la tête de manche vers la manche. Répétez l'opération pour le montage de la deuxième manche. Attention à ne pas inverser la gauche et la droite. Aidez-vous pour cela des crans de repère : le dos est marqué par un cran simple, et le devant par un cran double.

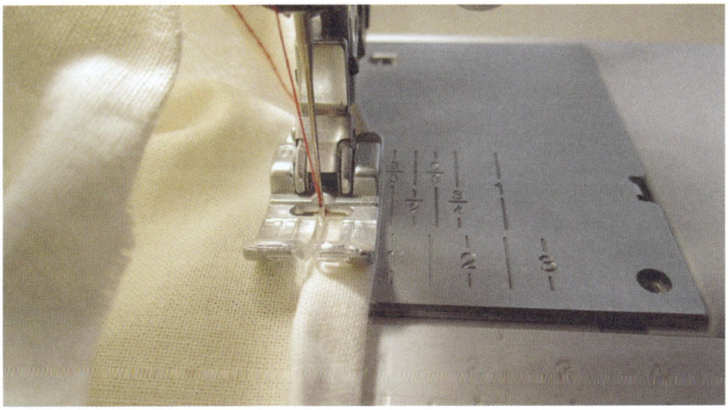

30/

Retournez les parementures des devants sur l'endroit du blouson. Piquez d'abord le bas des parementures sur le bas du blouson, endroit contre endroit (sur la ligne d'ourlet). Retournez les parementures sur l'intérieur en faisant bien ressortir les coins. Terminez le reste du bas du blouson par un ourlet double.

LE BLOUSON PERFECTO

PLAN DE COUPE SUR
1 MÈTRE DE TISSU

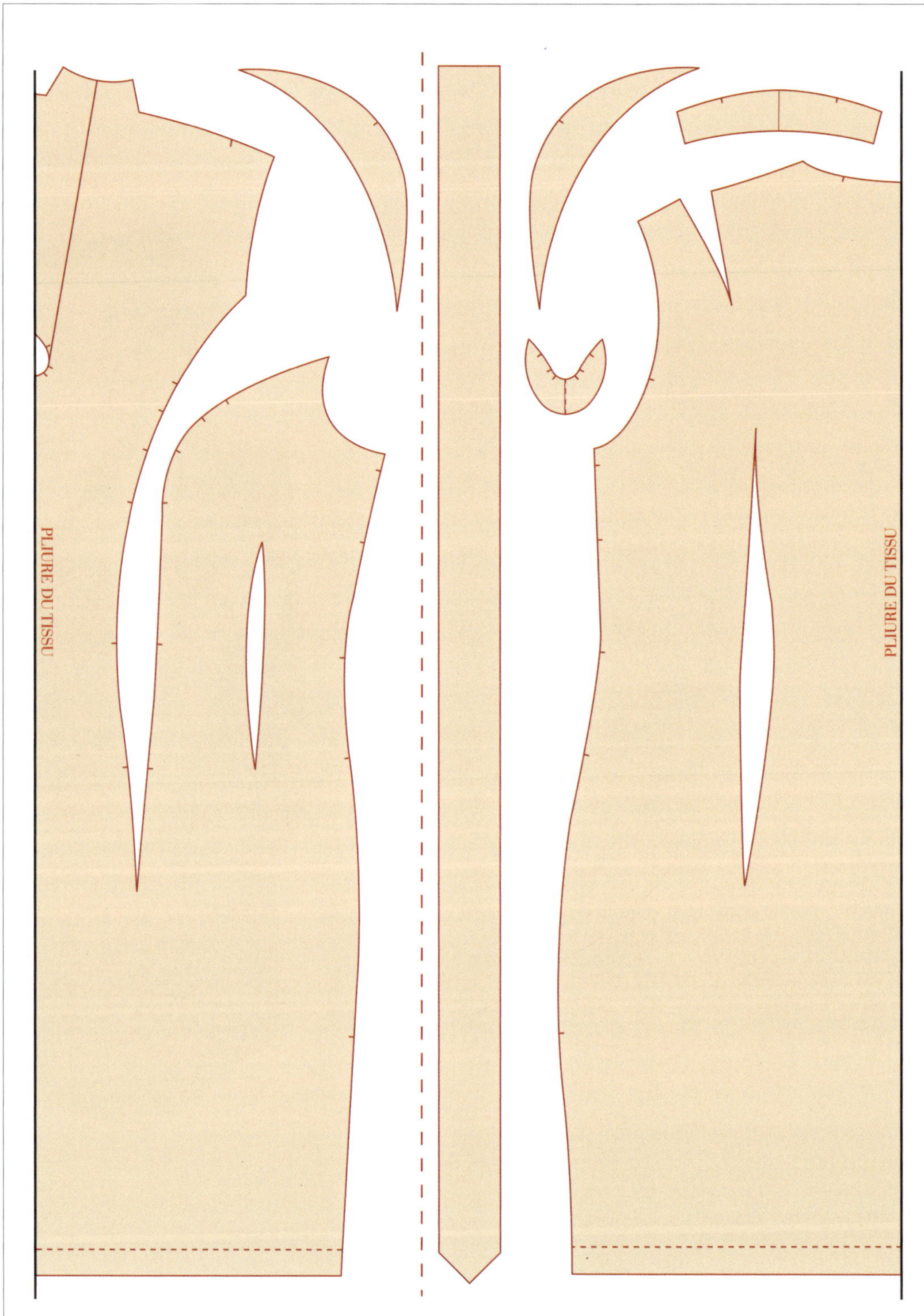

LA ROBE CINTRÉE ET SA CEINTURE

1/

Consultez les premières étapes décrites à la p. 14 : placez les pièces du patron sur le tissu, découpez-les et reportez-y les repères de couture. Disposez les pièces sur la table dans leur position finale (celle dans laquelle elles seront assemblées). Piquez toutes les pinces du devant et du dos (couture fermée).

Repassez les coutures du devant vers le M devant et les coutures du dos vers le M dos. Piquez la couture du côté droit (couture ouverte). Laissez pour l'instant le côté gauche ouvert pour la fermeture à glissière invisible.

LES PIÈCES,
APRÈS DÉCOUPAGE

2/

Piquez les pièces du col sur l'encolure dos et la parementure « à même » comme illustré ci-dessous. L'une des pièces du col est piquée sur la ligne d'encolure du dos. L'autre pièce est raccordée par les côtés aux épaules de la parementure d'encolure devant. Piquez les coutures d'épaule de la robe qui se prolongent dans le col montant.

3/

Piquez le bord supérieur du col. Dégarnissez les marges de couture et les angles pour éviter les surépaisseurs.

Piquez la parementure en forme de demi-lune sur l'arrondi de la pointe du décolleté (M devant), endroit contre endroit.Faites bien coïncider les repères.

4/

Retournez la parementure sur l'intérieur. Surpiquez le pourtour de la parementure et la ligne d'encolure pour maintenir le col bien en place. Pour des finitions intérieures plus soignées, vous pouvez éventuellement border la parementure avec un biais.

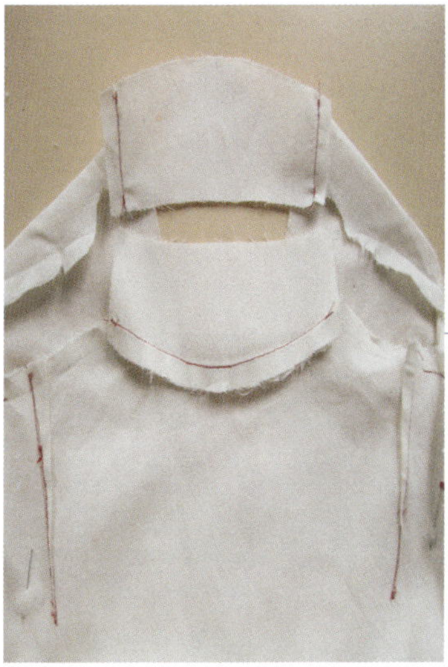

Il vous faudra :

- Tissu : 1 m de coton, satin, soie ou viscose.
Comptez une taille inférieure si vous utilisez un tissu stretch.
- 1 fermeture à glissière invisible de 50 cm
- 1 boucle de ceinture de 6 cm
- Tissu thermocollant (100 cm x 30 cm)

MANCHES

5/
Réalisez les mancherons : coupez les marges de coutures à différentes largeurs, crantez-les et retournez les mancherons sur l'endroit.

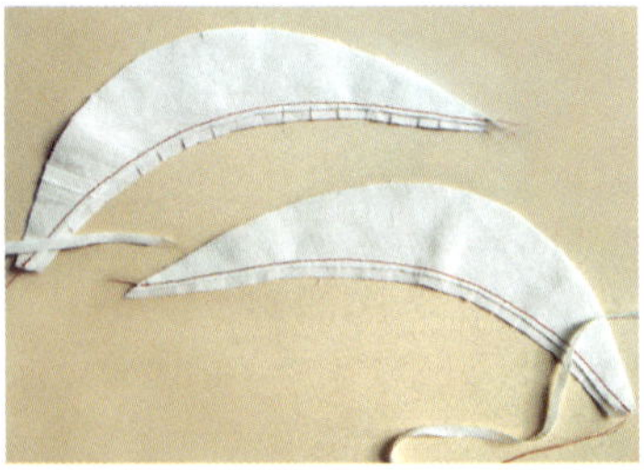

6/
Repassez le bord des mancherons en faisant basculer la ligne de couture sur l'intérieur de la manche.

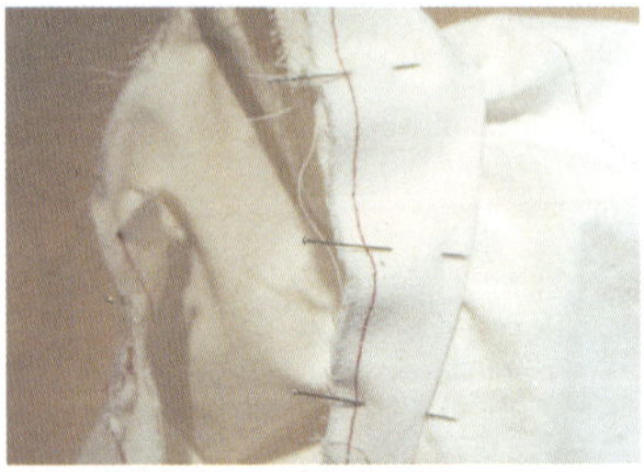

7/
Épinglez les mancherons sur les emmanchures et piquez. Repassez les marges de couture vers la robe.

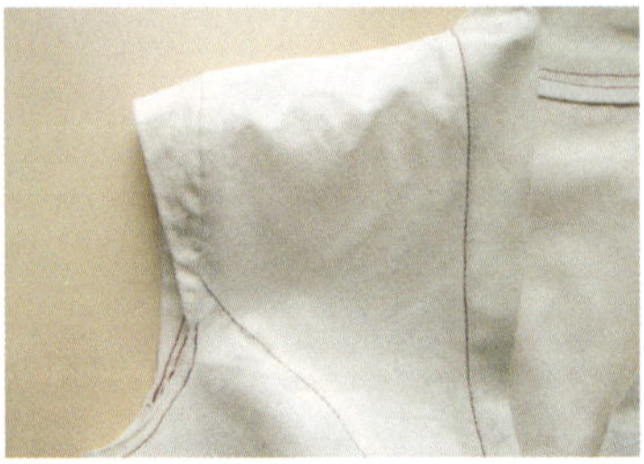

8/
Finissez le reste de l'emmanchure avec un biais. Vous pouvez aussi poser un biais sur tout le tour de l'emmanchure.

FERMETURE À GLISSIÈRE

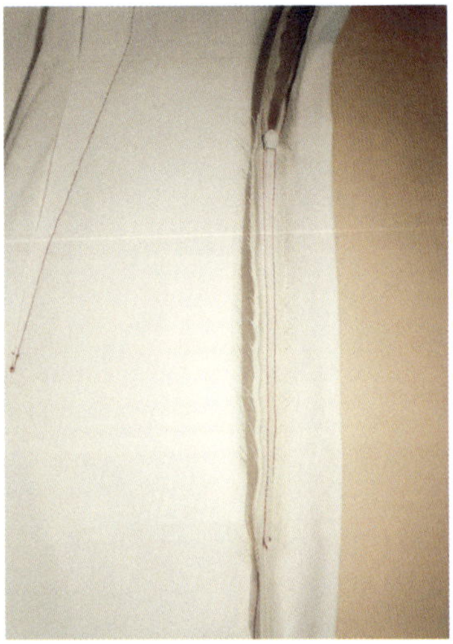

9/
Montez la fermeture à glissière invisible dans la couture du côté gauche. Ouvrez la fermeture et piquez d'abord le ruban gauche sur le devant. Piquez ensuite le ruban droit sur le dos. Un pied spécial pour fermeture à glissière invisible vous permettra d'aller plus vite, mais un pied fermeture à glissière ordinaire fera aussi l'affaire. Il faut dans ce cas prévoir 2 lignes de couture. La première ligne de couture, qui se pique plus ou moins au milieu du ruban, remplace les épingles ou le bâti. Elle permet de maintenir le ruban en place pour la deuxième piqûre qui s'exécute dans le creux de la spirale, tout près des dents.

10/
Fermeture à glissière et ses deux lignes de couture.

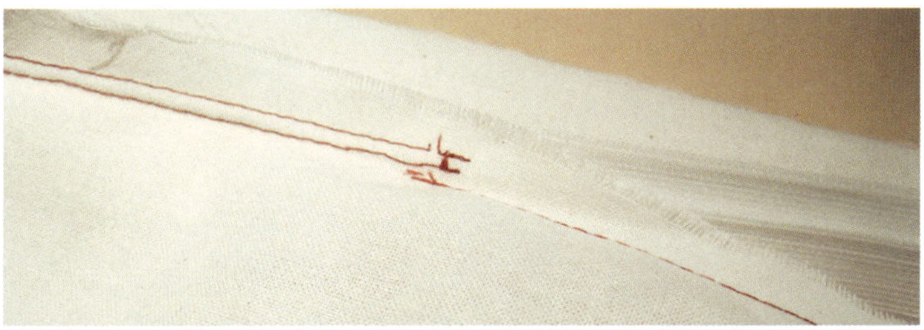

11/
Fermez à présent le reste de la couture du côté gauche, sous la fermeture à glissière. Ouvrez la couture au fer.

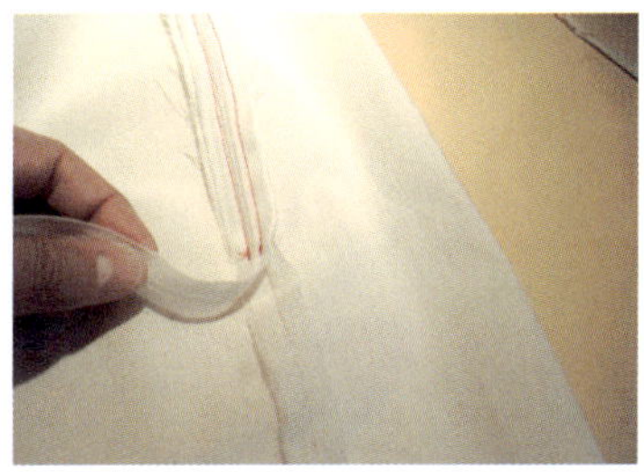

12/
Réalisez l'ourlet invisible : surfilez d'abord le bord du tissu au point zigzag ou à la surjeteuse. Pliez un ourlet de 3 cm, envers contre envers. Marquez-le au fer.

13/
Repliez l'ourlet « en accordéon » (voir p. 108) sur l'endroit de la robe et épinglez-le au bas de la robe.

14/
Piquez sur l'intérieur de la robe, le long du bord de l'ourlet, en utilisant le pied avec guide de couture.

CEINTURE

15/
Pour coudre l'ourlet invisible, sélectionnez un point zigzag spécial qui alterne un jeté d'aiguille (pointe du zigzag) avec 3 points droits.

16/
Repassez l'ourlet. Vous ne voyez que quelques points discrets sur l'endroit du tissu.

17/
Piquez la ceinture. Dégarnissez les marges de couture et les angles pour éviter les surépaisseurs.

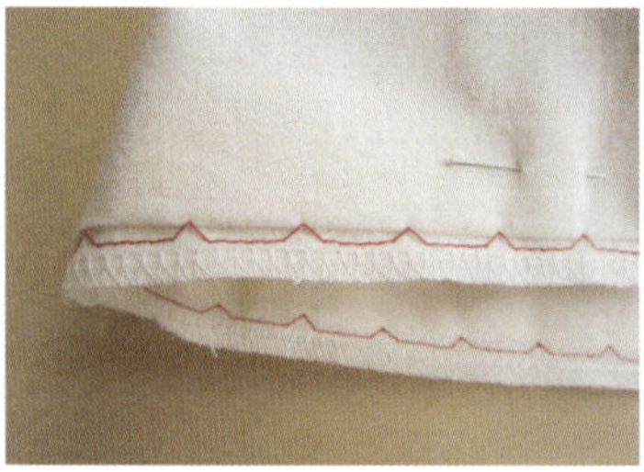

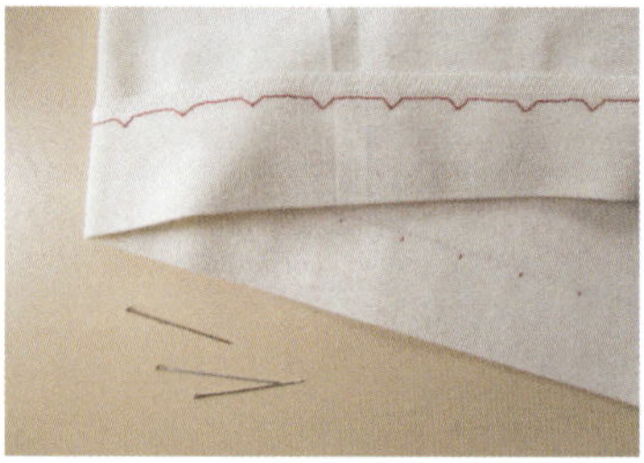

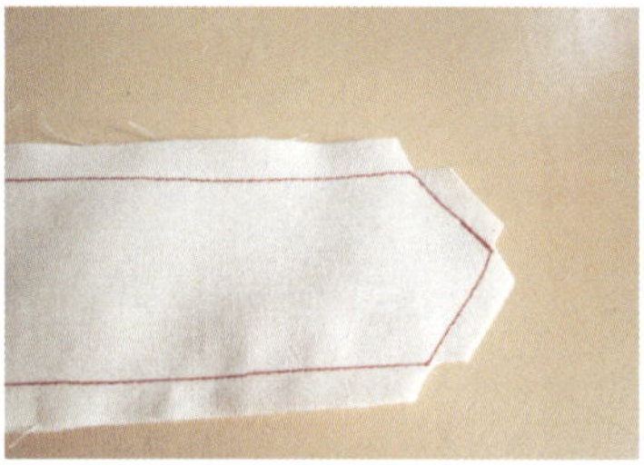

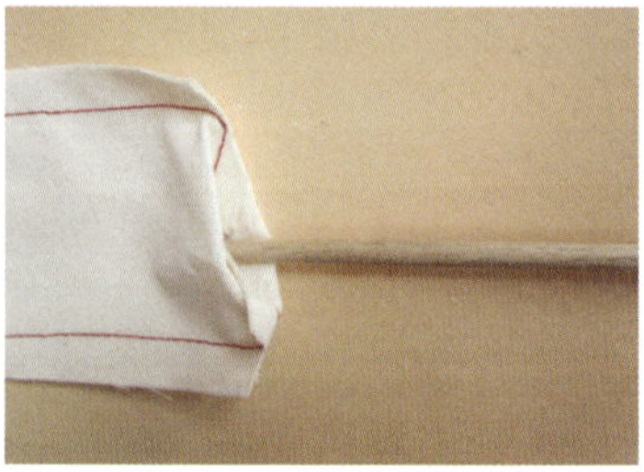

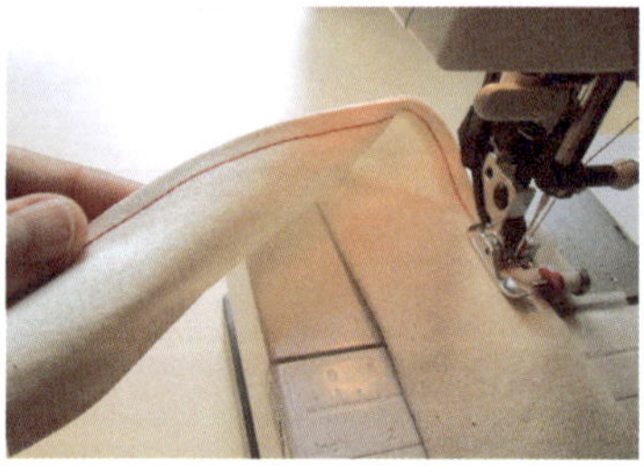

18/
Retournez la ceinture sur l'endroit.

19/
Repassez la ceinture complètement retournée.

20/
Faites une surpiqûre décorative le long du bord.

21/
Posez la boucle.

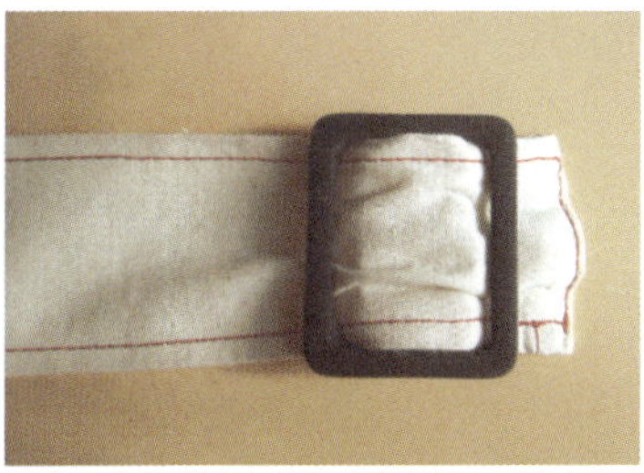

22/
Fixez le repli par une couture à la main.

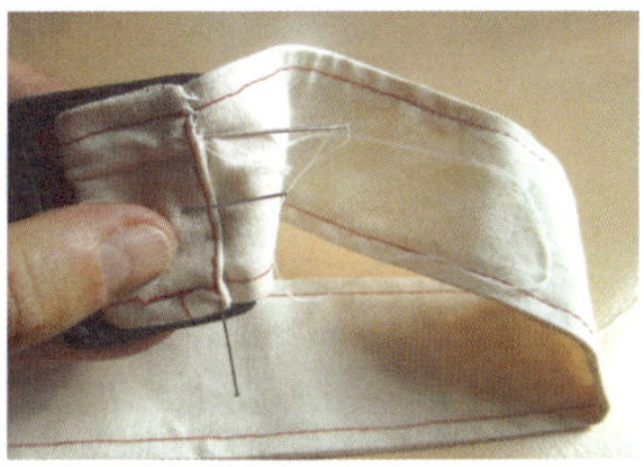

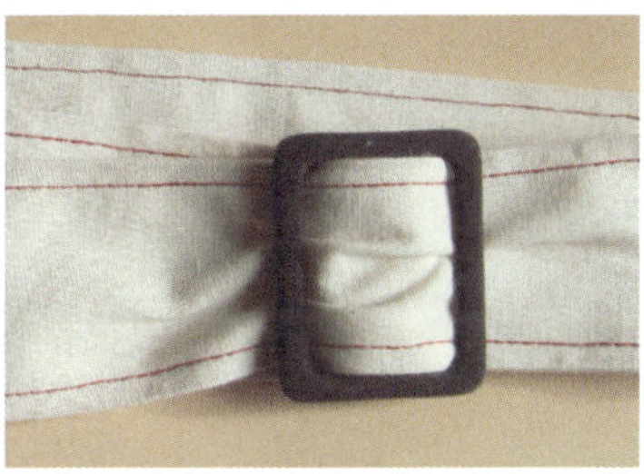

23/
Votre ceinture est prête ! Portez-la à la taille pour une jolie silhouette.

LA ROBE CINTRÉE

LA VESTE À
FERMETURE
À GLISSIÈRE
SÉPARABLE
p. 128
LE TOP À MANCHES
RAGLAN
p. 101
LA JUPE DROITE
p. 83
LE PANTALON
DE JOGGING
p. 113

LE CHEMISIER BOUTONNÉ
À COL PLAT
p. 121
LE SHORT
p. 101
LE SWEAT À
CAPUCHE
p. 43

PLAN DE COUPE SUR
1 MÈTRE DE TISSU

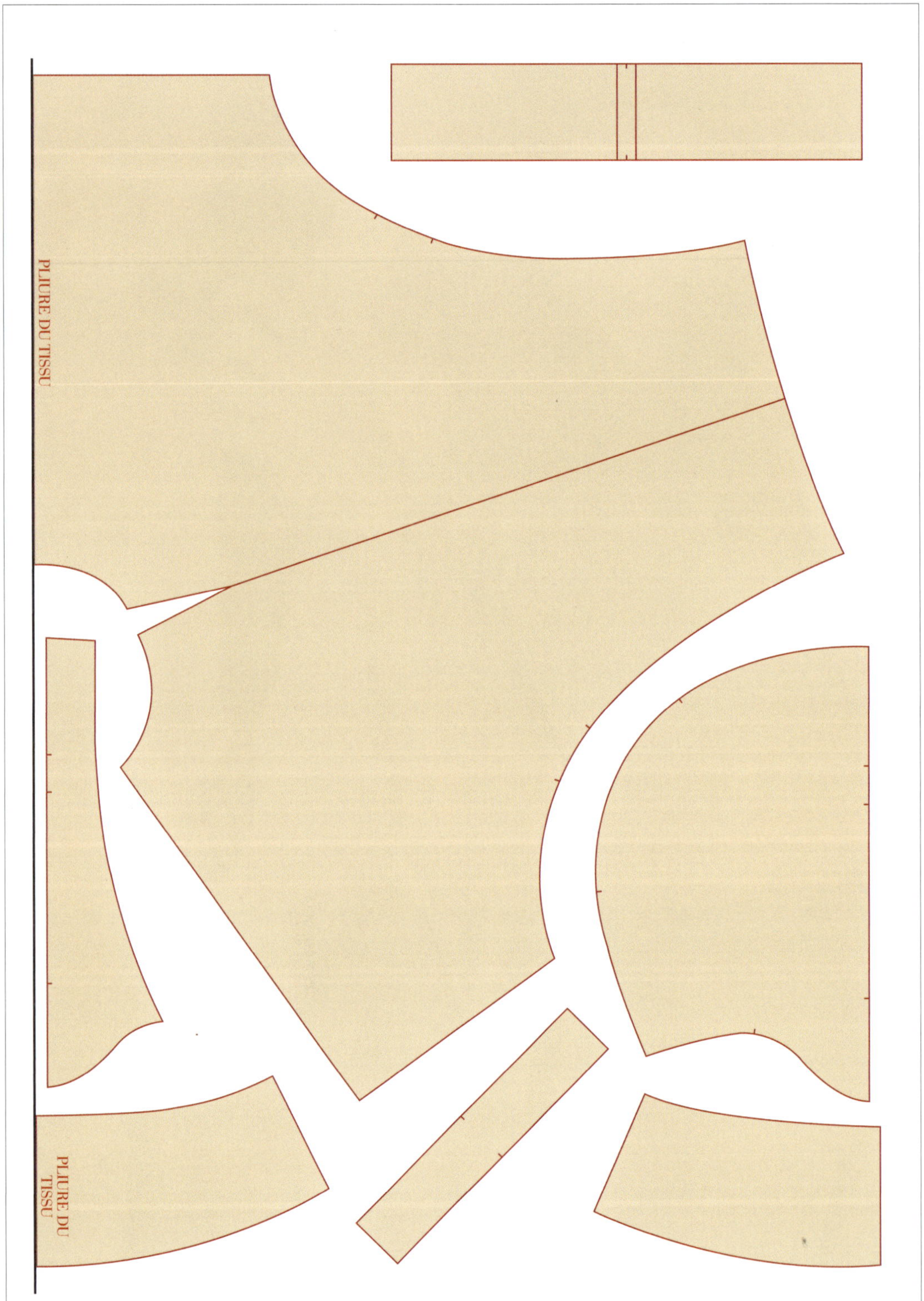

LE SWEAT À CAPUCHE

MARCHE À SUIVRE

1/
Consultez les premières étapes décrites à la p. 14 : placez les pièces du patron sur le tissu, découpez-les et reportez-y les repères de couture. Disposez les pièces sur la table dans leur position finale (celle dans laquelle elles seront assemblées). Piquez toutes les pinces et toutes les coutures (couture élastique avec embu) à l'aiguille double pour obtenir une piqûre double extensible.

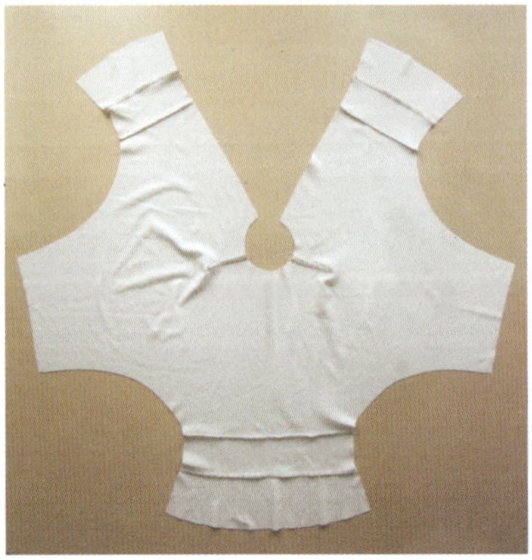

2/
Repassez vers le haut les marges des coutures situées en haut de la taille, et vers le bas celles situées sous la taille. Vous creusez ainsi la taille en faisant blouser légèrement le haut et le bas.

LES PIÈCES,
APRÈS DÉCOUPAGE

Il vous faudra :
- Tissu : 1 m de jersey de coton, polaire élastique ou fourrure fantaisie
- 1 fermeture à glissière de 50 cm, séparable

3/

Fermez les côtés jusqu'au bout des manches chauve-souris. Piquez à l'aiguille double du côté du dos, de sorte que les marges de couture se couchent naturellement vers le devant.

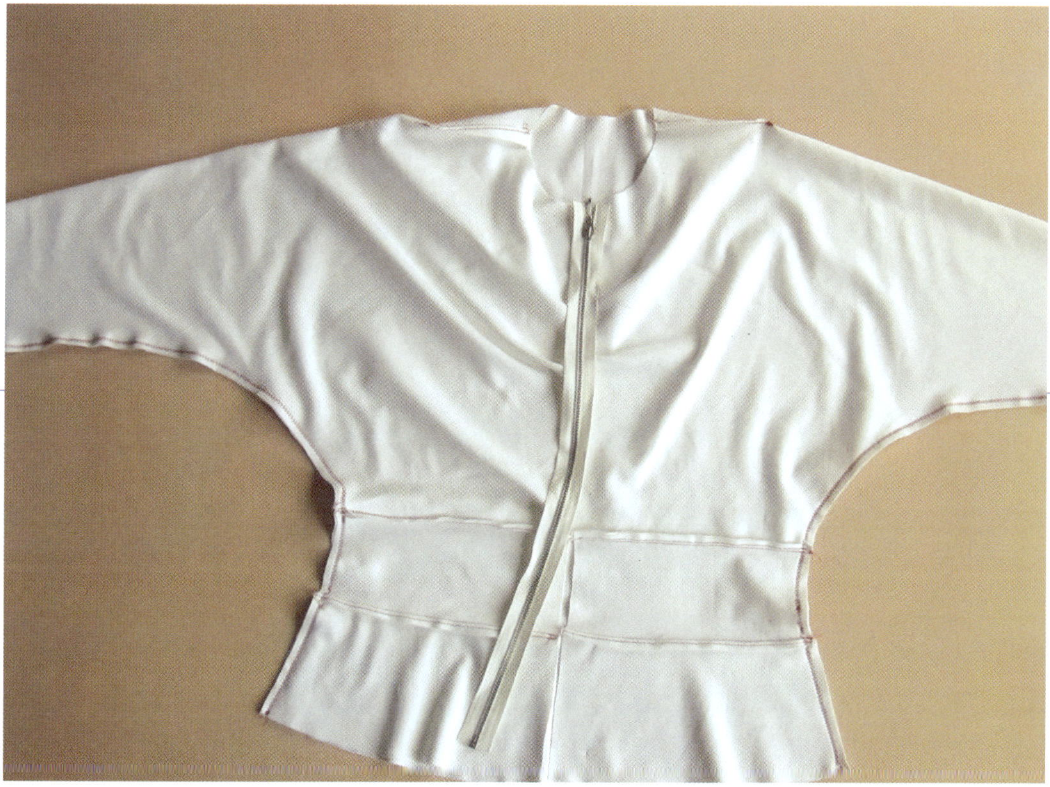

FERMETURE À GLISSIÈRE

POIGNET

6/
Fermez le poignet par une couture ouverte. Repliez-le en deux et repassez.

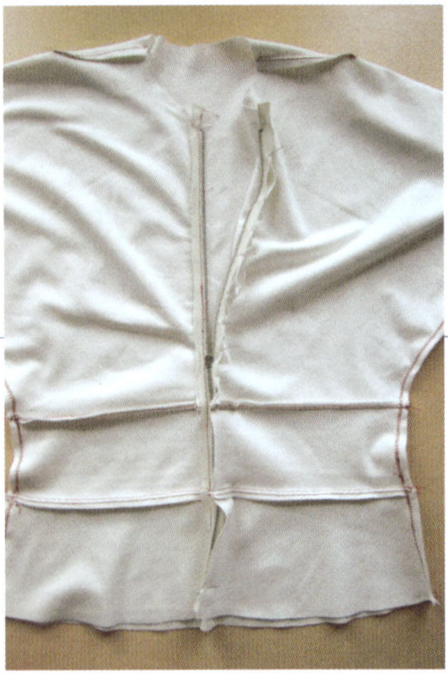

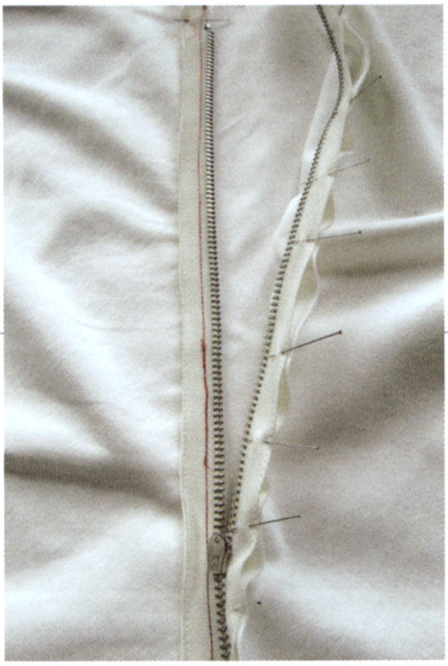

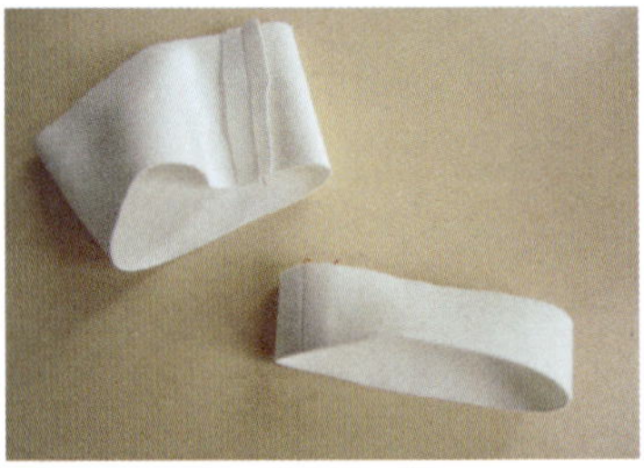

4/
Avec un pied fermeture à glissière ordinaire, piquez le ruban gauche de la fermeture sur le devant gauche, et le ruban droit sur le devant droit. Assurez-vous que les coutures horizontales sont bien en vis-à-vis de chaque côté de la fermeture.

5/
Attention : la fermeture à glissière est un peu plus courte que le patron. Il faut donc répartir l'excédent de tissu sur la couture de la fermeture. Vous obtenez une fermeture bien droite, qui ne gondole pas. Même si le tissu rétrécit légèrement après le premier lavage, votre fermeture restera impeccable.

7/
Retournez la manche sur l'envers et glissez le poignet à l'intérieur. Le bord inférieur du poignet est aligné avec le bas de la manche. Piquez à l'aiguille double du côté du poignet pour pouvoir accéder facilement avec le pied de la machine.

8/

Repassez les marges de couture du poignet vers la manche.

9/

Fermez le milieu de la capuche. Vous pouvez piquer sur l'un ou l'autre des côtés. Assemblez la parementure par la couture du milieu en piquant sur l'autre côté : les marges de couture de la capuche et de sa parementure ne doivent pas être couchées du même côté, mais croisées. Ceci afin d'éviter des surépaisseurs lorsque la parementure sera repliée dans la capuche.

10/

Assemblez la parementure sur le tour de la capuche, endroit contre endroit. Piquez à l'aiguille double, la capuche vers vous. Les marges de couture se couchent ainsi vers l'intérieur de la capuche au moment du repassage.

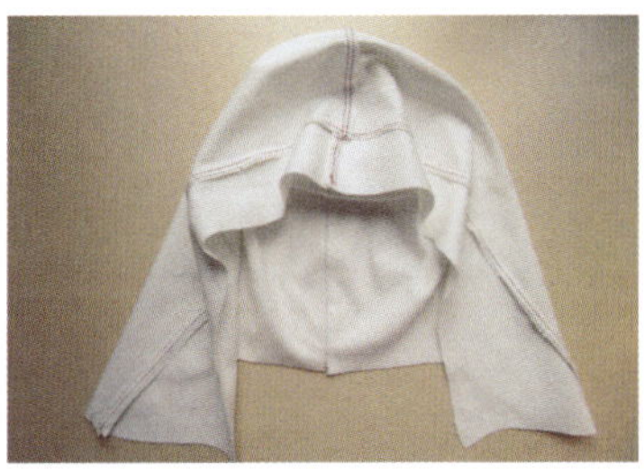

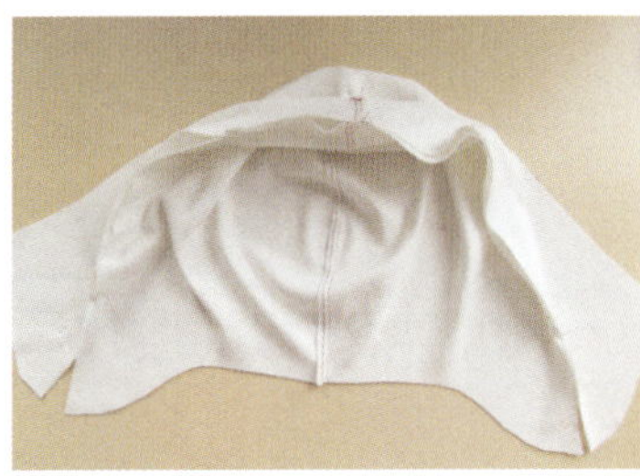

LE SWEAT À CAPUCHE

11/

Épinglez la capuche sur l'encolure, endroit contre endroit. Rabattez et épinglez les bords de la parementure sur les devants de l'encolure en « enfermant » les rubans de la fermeture à glissière. Les devants de l'encolure sont donc pris entre la capuche et la parementure. Piquez à l'aiguille double sur la ligne d'encolure, la veste vers vous. Le point zigzag se trouve ainsi du côté de la capuche et les marges de couture se couchent naturellement vers la capuche.

12/

Vous voyez ici la parementure rabattue sur les rubans de la fermeture à glissière du M devant. Les bords de la parementure ont été piqués sur la ligne d'encolure, ce qui permet de dissimuler les bouts de la fermeture à glissière dans la couture.

Dégarnissez les marges de couture et les angles avant de retourner la parementure.

13/

Retournez la parementure et la capuche sur l'endroit. Les finitions des bouts de la fermeture à glissière sont bien nettes.

14/

Épinglez le pourtour de la parementure à la capuche et surpiquez à l'aiguille double, l'extérieur de la capuche vers vous. Pendant que vous piquez, vous ne pouvez pas voir le bord de la parementure mais vous pouvez le sentir avec les doigts. Par précaution, posez des épingles perpendiculairement au bord de la parementure pour bien voir où vous devez piquer.

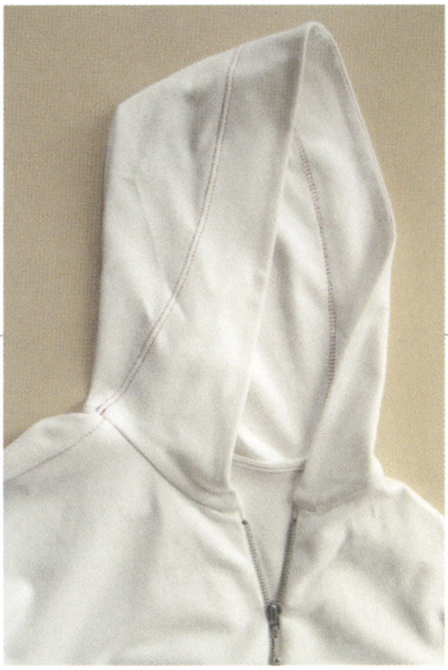

15/

Pliez et repassez l'ourlet. Piquez l'ourlet à l'aiguille double sur l'endroit du tissu, parallèlement au bord. Vous ne pouvez pas voir le bord de l'ourlet pendant que vous piquez, mais vous pouvez le sentir avec les doigts. Ici aussi, marquez le bord de l'ourlet avec des épingles perpendiculaires.

LE SWEAT À CAPUCHE

PLAN DE COUPE SUR
1 MÈTRE DE TISSU

LE BUSTIER ET LA JUPE COROLLE

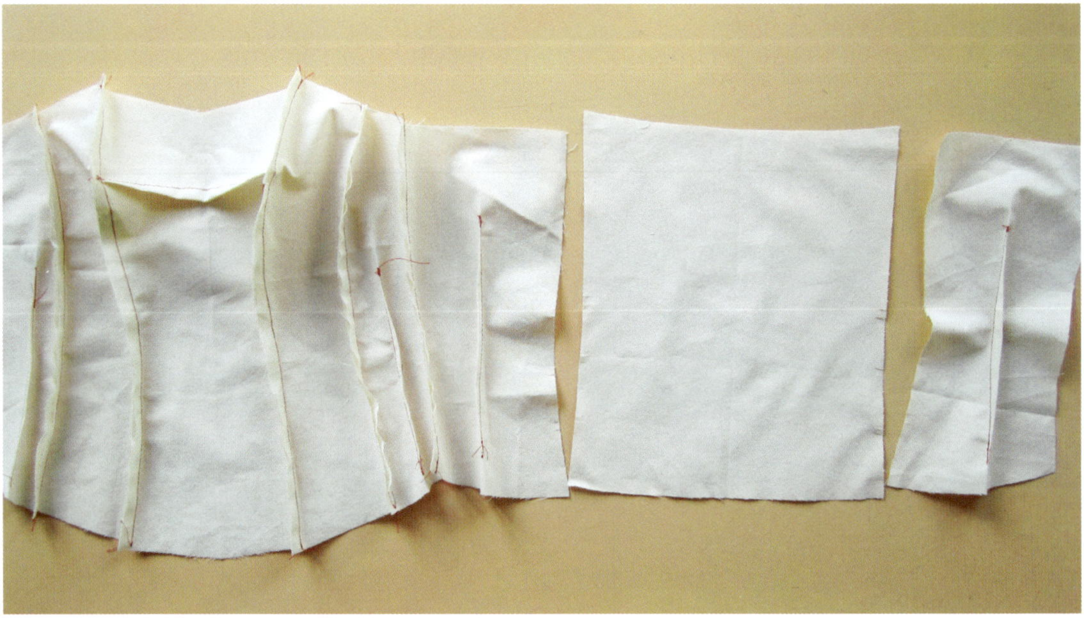

1/

Consultez les premières étapes décrites à la p. 14 : placez les pièces du patron sur le tissu, découpez-les et reportez-y les repères de couture. Disposez les pièces sur la table dans leur position finale (celle dans laquelle elles seront assemblées). Piquez toutes les pinces et toutes les coutures (couture fermée). Laissez pour l'instant le côté gauche ouvert pour la fermeture à glissière séparable. Avant d'assembler les pièces du dos, confectionnez d'abord le lacet et les brides pour le panneau du M dos.

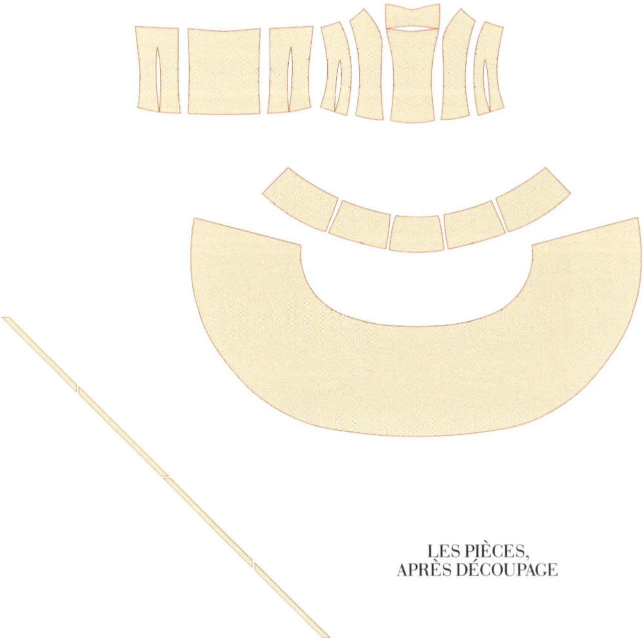

LES PIÈCES,
APRÈS DÉCOUPAGE

2/

Pour économiser le tissu, le long lacet ou ruban se compose de plusieurs pièces. Assemblez ces pièces entre elles par des coutures obliques ouvertes.

3/

Pliez le ruban en deux dans la longueur et piquez tout le long à 0,5 cm du bord avec un petit point zigzag. Une fois la couture terminée, faites un point d'arrêt supplémentaire (piquez quelques points en effectuant un aller-retour). Vous avez ainsi 6 fils de couture pour retourner le ruban. Glissez un fil de fer plié en deux dans le ruban. Attachez les fils de couture au « chas » du fil de fer en faisant 3 nœuds.

4/

Retournez le ruban sur l'endroit. Vous avez maintenant un long lacet confectionné dans le même tissu que le bustier. Vous pouvez réaliser ce lacet dans la largeur souhaitée.

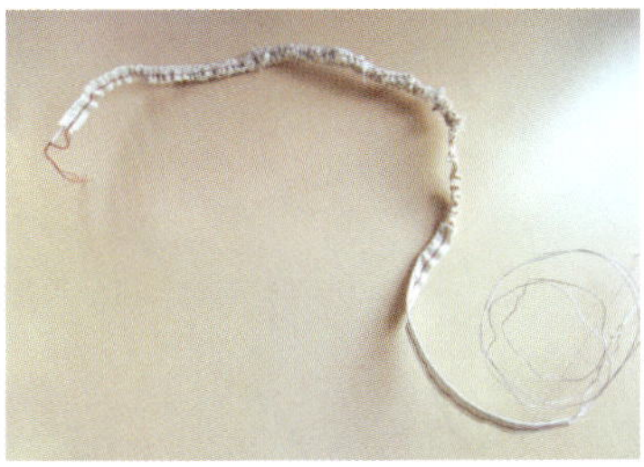

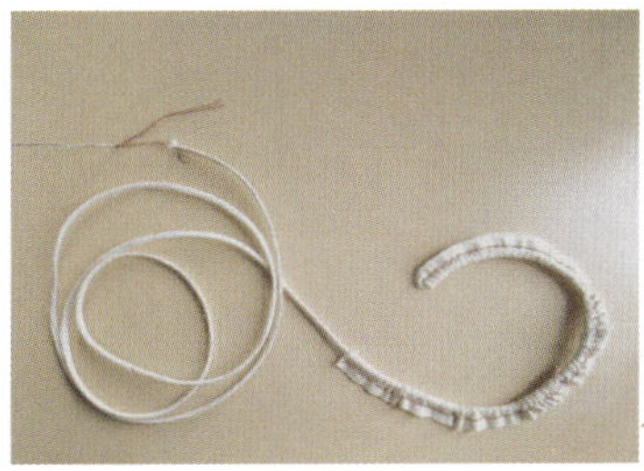

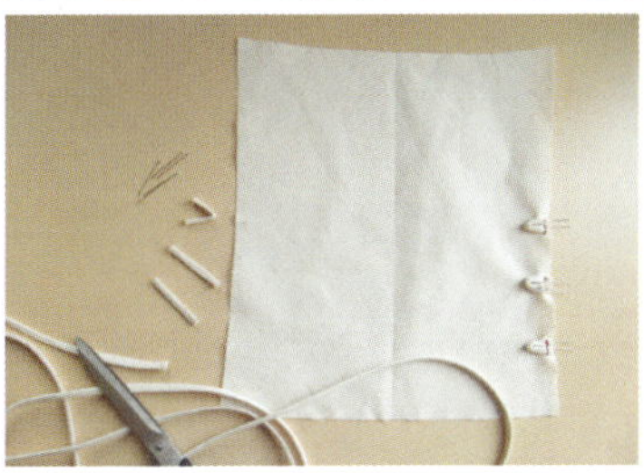

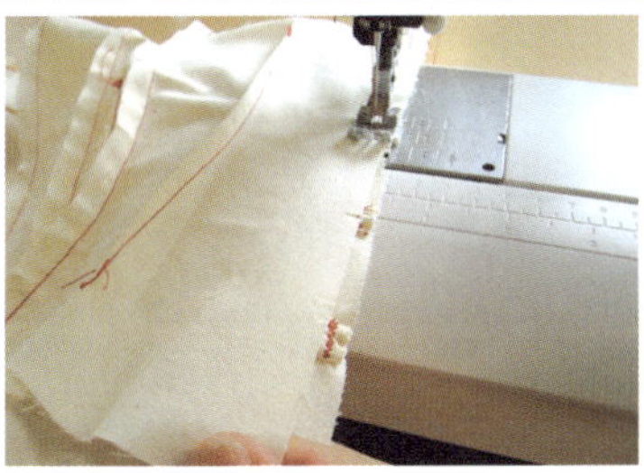

5/

Avec ce lacet, confectionnez 6 brides pour le panneau du M dos : 3 à gauche et 3 à droite. Pliez ces brides en deux, épinglez-les sur le panneau et piquez-les avec un petit point zigzag. Ces brides serviront au laçage du bustier.

6/

Assemblez maintenant les pièces du dos.

7/

Piquez les baleines au point zigzag sur les marges des coutures du devant et du dos.

Il vous faudra :

- Tissu : 1 m de coton, soie, viscose, satin ou toile fine

Pour le bustier :

- 1 fermeture à glissière séparable de 23 cm
- 1,70 m de baleine ruban en plastique
- 1,90 cm de biais replié assorti pour les finitions

8/

Lorsque vous piquez les baleines, le panneau de côté doit être orienté vers vous. Au repassage des coutures, les baleines seront cachées par les marges de couture. Coupez les baleines 1,5 cm plus courtes que les coutures : vous pourrez ainsi replier et finir les bords de l'encolure et de l'ourlet.

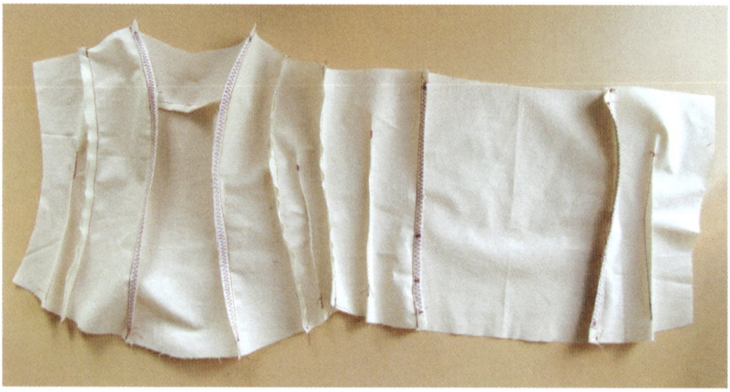

9/

Sur l'endroit du tissu, réalisez une surpiqûre décorative afin de maintenir les baleines en place. Cette surpiqûre est parallèle à la couture, et espacée de celle-ci de la largeur du pied de la machine. Exceptionnellement, les marges de couture des baleines sont couchées non pas vers le milieu mais vers les côtés.

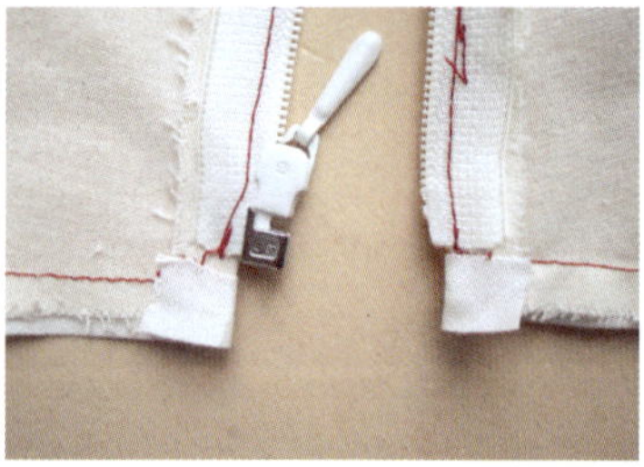

10/

Posez une fermeture à glissière séparable dans la couture du côté gauche. Piquez le ruban gauche de la fermeture sur le devant et le ruban droit sur le dos.

11/

Finissez le haut (ligne d'encolure) et le bas (ligne d'ourlet) du bustier avec un biais. Posez le biais endroit contre endroit le long du bord. Piquez dans le pli du biais.

12/

Repliez les extrémités du biais sur le haut et le bas des rubans de la fermeture.

13/

Retournez complètement le biais sur l'intérieur du bustier en enfermant les bouts de la fermeture dans la ligne d'encolure et d'ourlet. Surpiquez le biais le long du bord.

14/

Faites passer le lacet dans les brides en le croisant.

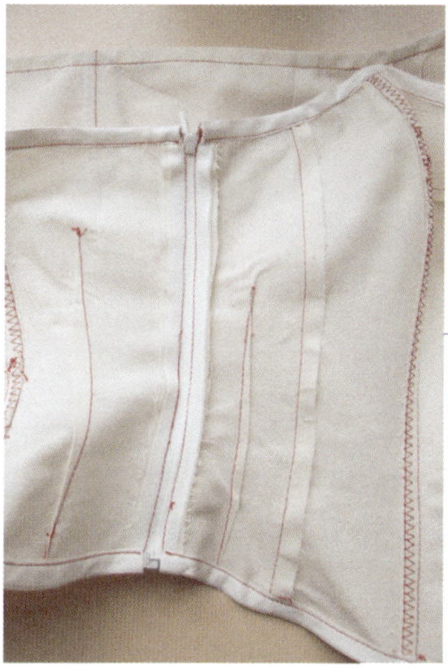

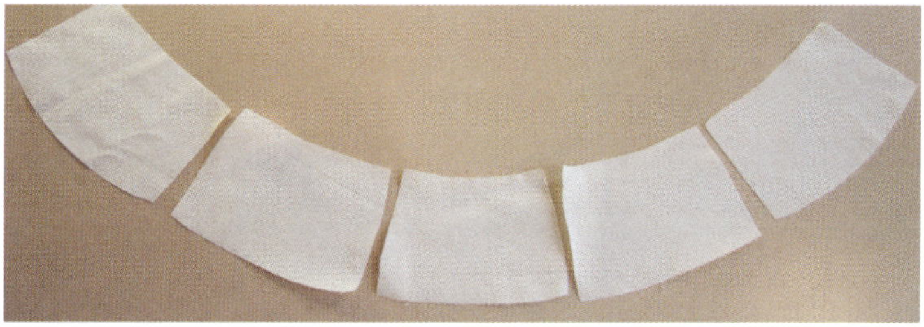

15/

Assemblez les parties de l'empiècement de hanche par des coutures fermées. Repassez les coutures du devant vers le M devant et celles du dos vers le M dos.

JUPE COROLLE

Pour la jupe :

- 1 fermeture à glissière invisible de 30 cm
- 90 cm de biais replié assorti pour les finitions

16/

Assemblez l'empiècement de hanche avec le panneau de la jupe par une couture fermée. Aidez-vous des repères pour bien faire correspondre les lignes de couture. Repassez les marges de couture vers le panneau de la jupe.

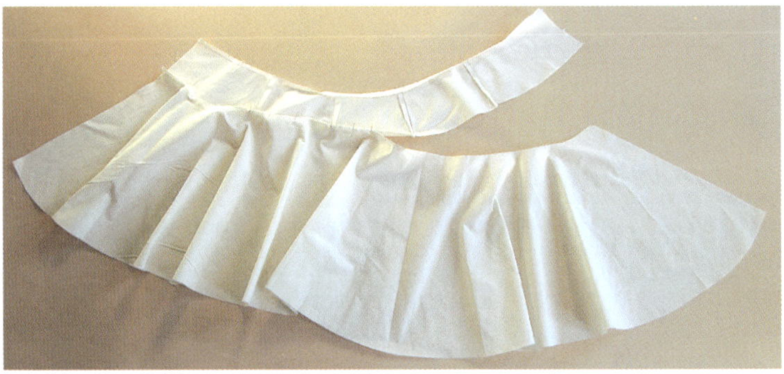

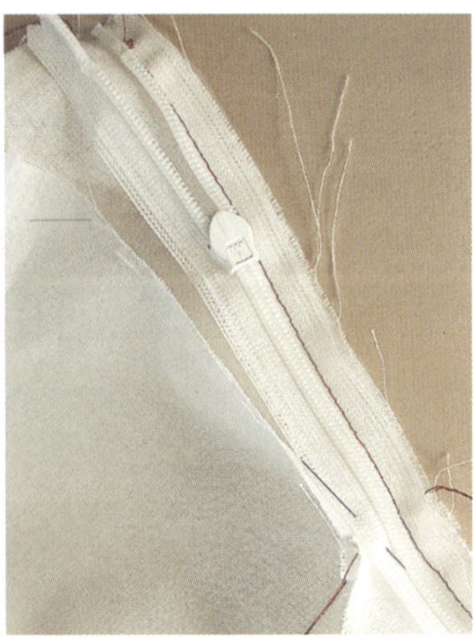

17/

Posez la fermeture à glissière invisible dans le M dos. Ouvrez la fermeture et piquez d'abord le ruban gauche sur le dos gauche. Piquez ensuite le ruban droit sur le dos droit. Un pied spécial pour fermeture à glissière invisible vous permettra d'aller plus vite, mais un pied fermeture à glissière ordinaire fera aussi l'affaire. Vous devez dans ce cas vous y prendre en 2 temps : piquez une première couture pour maintenir le ruban en place. Réalisez la deuxième piqûre bien dans le creux de la spirale, tout près des dents.

18/

Après avoir réalisé la première piqûre, assurez-vous que les coutures horizontales sont bien en vis-à-vis de chaque côté de la fermeture.

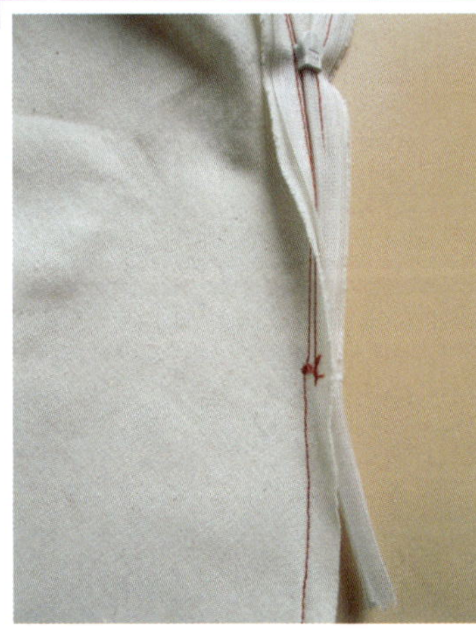

19/

Fermez le reste de la couture du dos sous la fermeture à glissière (couture ouverte).

LE BUSTIER ET LA JUPE COROLLE

20/
Consolidez la taille avec un ruban d'entoilage pour éviter qu'elle ne se détende. Finissez avec un biais.

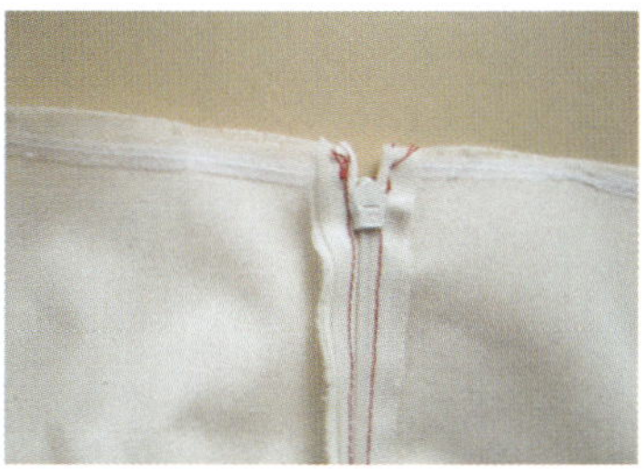

21/
Dépliez l'un des bords du biais et posez-le endroit contre endroit sur le bord du tissu. Piquez dans le pli du biais.

22/
Rabattez les extrémités du biais sur les bouts des rubans de la fermeture à glissière. Retournez complètement le biais sur l'intérieur. Surpiquez le biais le long du bord.

23/
Finissez le bas de la jupe par un ourlet roulotté. Attention : sur des lignes courbes, l'ourlet roulotté aura tendance à gondoler. Si votre tissu est très souple, vous pouvez exécuter une piqûre préalable en ayant pris soin d'augmenter la tension du fil. Vous évitez ainsi que l'ourlet ne se détende. De plus, votre tissu se laissera guider plus facilement dans le pied ourleur.

Vous pouvez aussi surjeter le bord du tissu en réglant le transport différentiel sur une valeur plus élevée.

PLAN DE COUPE SUR
1 MÈTRE DE TISSU

VARIATIONS SUR UN T-SHIRT

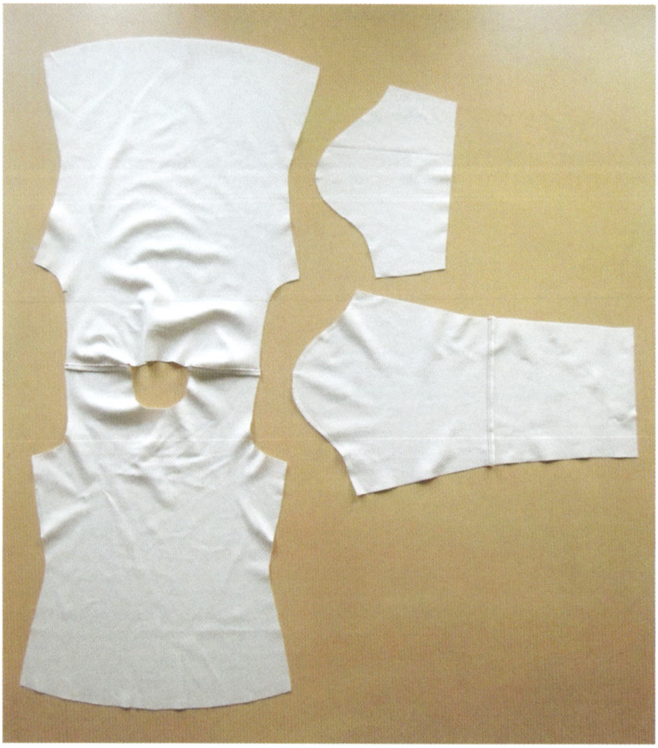

MARCHE À SUIVRE

1/

Consultez les premières étapes décrites à la p. 14 : placez les pièces du patron sur le tissu, découpez-les et reportez-y les repères de couture. Disposez les pièces sur la table dans leur position finale (celle dans laquelle elles seront assemblées).

Assemblez les épaules par une couture élastique. Piquez à l'aiguille double, dos vers vous. La double piqûre se trouve ainsi du côté du dos et les marges de couture se couchent naturellement vers le devant. La photo ci-contre vous montre deux possibilités : manches courtes et manches longues. À vous de choisir !

LES PIÈCES,
APRÈS DÉCOUPAGE

3

VARIANTES

Optez pour une manche longue en 2 parties, une manche mi-longue en 1 partie, une manche courte, ou bien un T-shirt sans manches.

Il vous faudra :
- Tissu : 1 m de jersey de coton, jersey de soie

2/

Si vous choisissez un modèle sans manches, il vous restera assez de tissu pour couper une jupe. Froncez la jupe et piquez-la sur la ligne d'ourlet de votre T-shirt.

3/

Pour un T-shirt à manches (longues), montez la tête de manche dans l'emmanchure ouverte. Piquez à l'aiguille double, corps du T-shirt vers vous.

La double piqûre se trouve ainsi du côté du corps du T-shirt et les marges de couture se couchent naturellement vers la tête de manche. Répartissez régulièrement l'embu de la tête de manche dans l'emmanchure et lissez la couture au fer.

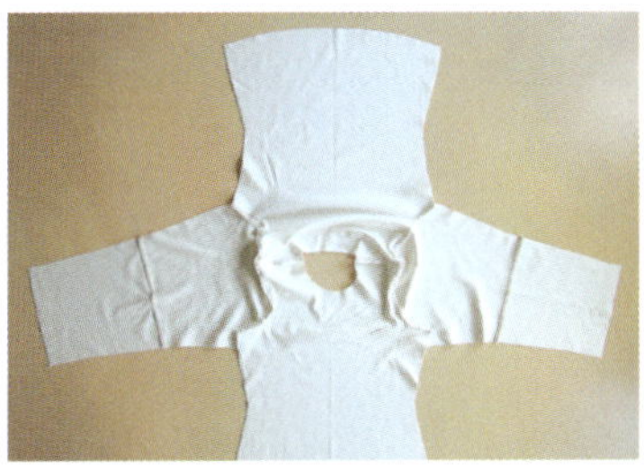

4/

Pliez le T-shirt sur la ligne d'épaule et piquez d'une seule traite la couture du dessous-de-bras et la couture de côté, à l'aiguille double.

5/

La double piqûre doit se trouver du côté du dos, de sorte que les marges de couture se couchent naturellement vers le devant.

Prenez soin de bien faire coïncider les repères et coutures.

6/

Vous pouvez réaliser un col haut ou bien un col ras-du-cou. Fermez le M dos du col par une couture ouverte.

7/
Repliez le col et repassez-le.

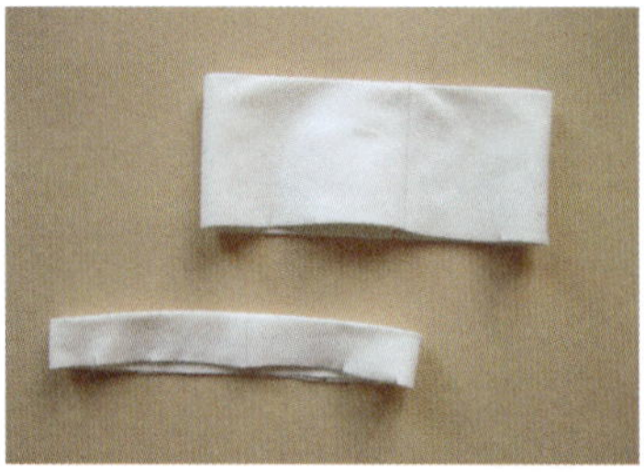

8/
Épinglez le col replié sur l'encolure.

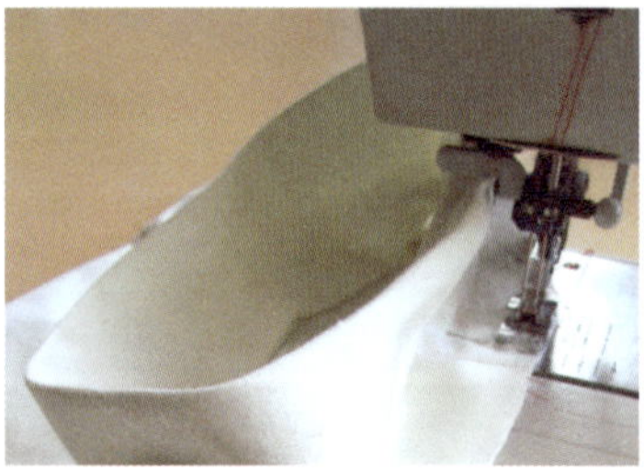

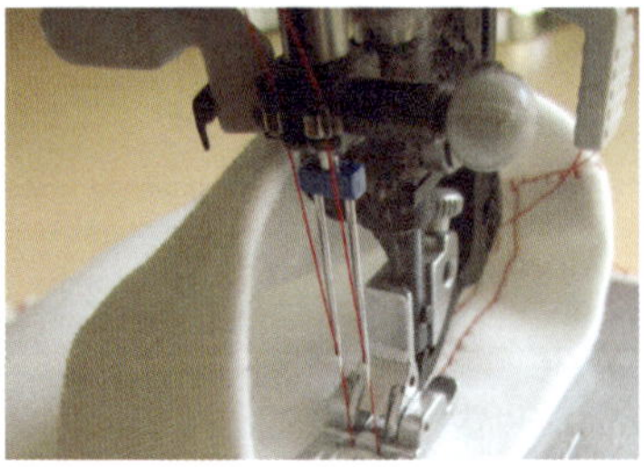

9/
Piquez le col sur l'encolure, à l'aiguille double. La double piqûre doit se trouver du côté du col, de sorte que les marges de couture se couchent naturellement vers le bon côté.

10/
Pliez un ourlet de 2 cm au bas des manches et du T-shirt. Marquez l'ourlet au fer.

11/
Piquez l'ourlet à l'aiguille double, endroit vers vous. Retournez les manches sur l'envers pour pouvoir piquer l'ourlet de l'intérieur. Vous y accéderez plus facilement avec le pied de la machine. Vous ne pouvez pas voir le bord du tissu pendant que vous piquez, mais vous pouvez le sentir avec les doigts. Pour obtenir une piqûre bien parallèle au bord, aidez-vous de la deuxième ligne de repère gravée sur la plaque d'aiguille de votre machine.

LE T-SHIRT
À MANCHES COURTES
(ET LA JUPE)

LE T-SHIRT
À COL RAS-DU-COU

12/
Retournez la manche sur l'endroit. La double piqûre est visible sur l'endroit du poignet. Le point zigzag se trouve à l'intérieur de la manche.

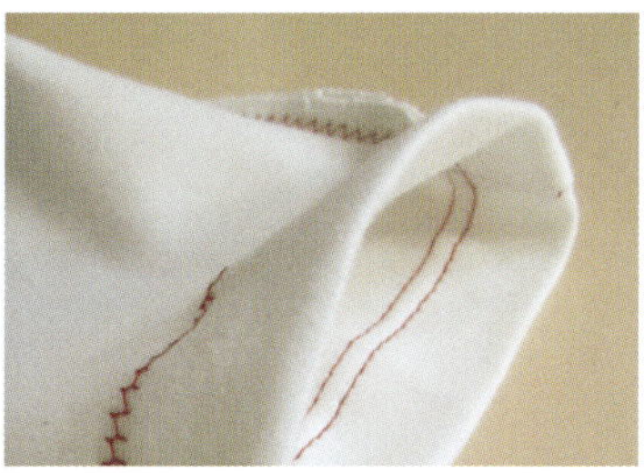

13/
Piquez l'ourlet du bas du T-shirt à l'aiguille double, endroit vers vous

LE T-SHIRT
À MANCHES LONGUES

LE SWEAT À CAPUCHE
p. 43
LA ROBE TUNIQUE
p. 93
LE BLOUSON PERFECTO
p. 23
VARIATIONS SUR UN T-SHIRT
p. 59
LA JUPE DROITE
p. 83

LA ROBE À EMMANCHURES AMÉRICAINES ET LE SAC À MAIN
p. 67
VARIATIONS SUR UN T-SHIRT
p. 59
LA ROBE CINTRÉE
p. 33

PLAN DE COUPE SUR
1 MÈTRE DE TISSU

LA ROBE À EMMANCHURES AMÉRICAINES ET LE SAC À MAIN

1/

Consultez les premières étapes décrites à la p. 14 : placez les pièces du patron sur le tissu, découpez-les et reportez-y les repères de couture. Disposez les pièces sur la table dans leur position finale (celle dans laquelle elles seront assemblées).

Piquez les pinces poitrine et les pinces de cintrage devant et dos. Repassez les pinces du devant vers le M devant et celles du dos vers le M dos. Fermez le M dos par une couture ouverte. Formez les plis creux du dos de la robe. Laissez pour l'instant la couture du côté gauche ouverte pour la fermeture à glissière invisible.

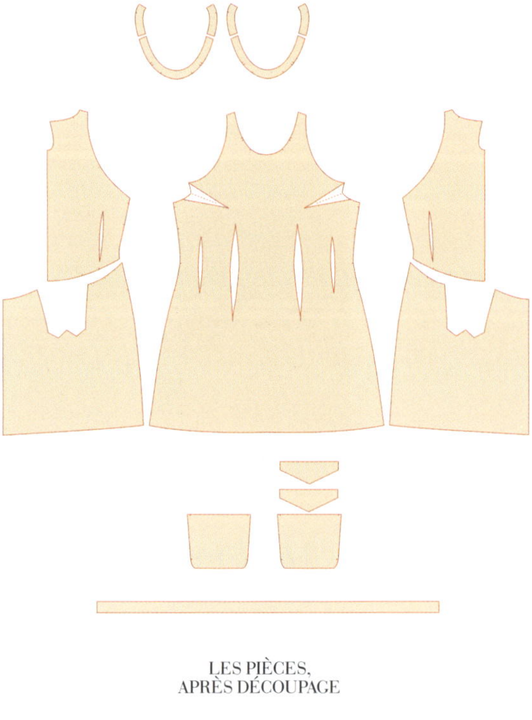

LES PIÈCES,
APRÈS DÉCOUPAGE

Il vous faudra :
- Tissu : 1 m de coton, jean, soie, satin, ou viscose. Comptez une taille inférieure si vous utilisez un tissu stretch.
- Tissu thermocollant (25 cm x 50 cm)

Pour la robe :
- 1 fermeture à glissière invisible de 40 cm
- 1 bouton de 1 cm
- 1 m de biais replié assorti pour les finitions

2/
Piquez les coutures en haut des plis creux.

3/
Centrez parfaitement le fond du pli creux sur la couture ouverte.

4/
Avec le fer à repasser, aplatissez soigneusement le pli et ouvrez la couture.

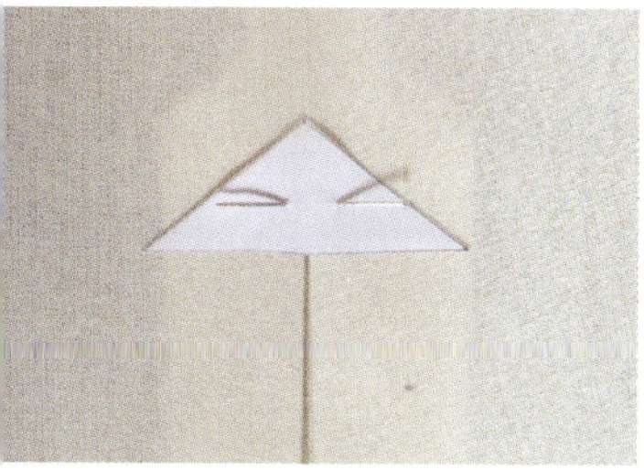

5/
Sur l'endroit du tissu, épinglez un triangle en papier en haut du pli creux. Ce triangle va vous servir de gabarit.

6/
Piquez sur le pourtour de ce triangle pour obtenir un triangle parfaitement symétrique de chaque côté de la couture.

7/
Voici à quoi ressemble le triangle une fois piqué.

8/
Assemblez le dos du corsage et le dos de la jupe par une couture fermée. Repassez les marges de couture vers le haut.

FERMETURE À GLISSIÈRE

9/
Piquez la couture du côté droit (couture ouverte).

10/
Posez la fermeture à glissière invisible dans la couture du côté gauche. Ouvrez la fermeture et piquez d'abord le ruban droit sur le devant, puis le ruban gauche sur le dos. Un pied spécial pour fermeture à glissière invisible vous permettra d'aller plus vite, mais un pied fermeture à glissière ordinaire fera aussi l'affaire. Vous devez dans ce cas vous y prendre en 2 temps : piquez une première couture pour maintenir le ruban en place. Réalisez la deuxième piqûre bien dans le creux de la spirale, tout près des dents.

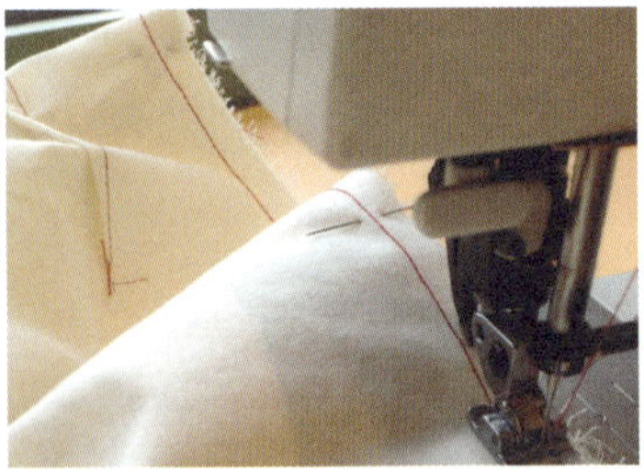

11/
Voici la fermeture à glissière invisible et ses 2 lignes de couture. Fermez le reste de la couture de côté gauche sous la fermeture. Ouvrez la couture au fer.

12/
Piquez les coutures d'épaule et ouvrez-les au fer.

13/

Confectionnez une petite bride boutonnière qui sera prise dans la couture du M dos gauche, entre les deux épaisseurs de la bande d'encolure. Assemblez les épaules de la bande d'encolure par une couture ouverte. Superposez et épinglez endroit contre endroit les deux épaisseurs de la bande d'encolure. Piquez la ligne d'encolure. Crantez et dégarnissez les marges de couture et les angles. Retournez la bande d'encolure sur l'endroit.

14/

Piquez la bande d'encolure double sur la robe, endroit contre endroit. Repassez la couture vers la robe.

15/

Finissez la fermeture en goutte du M dos avec un biais.

16/

Cousez un bouton pour fermer l'encolure, en vis à vis de la bride.

17/
Finissez les emmanchures avec un biais : repliez l'extrémité du biais, piquez dans la pliure et terminez la piqûre en superposant les extrémités du biais.

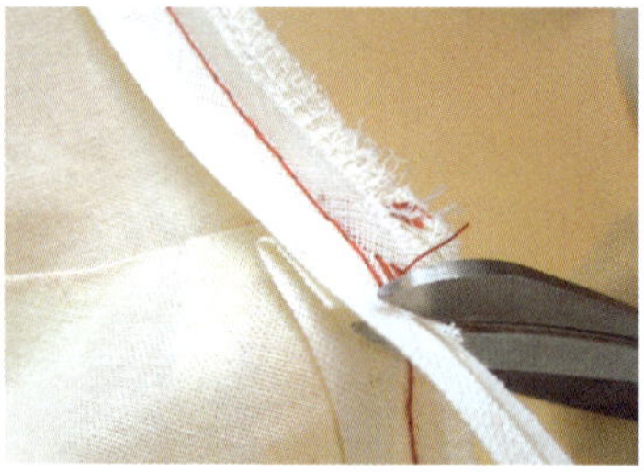

18/
Retournez complètement le biais sur l'intérieur du vêtement et surpiquez le long du bord.

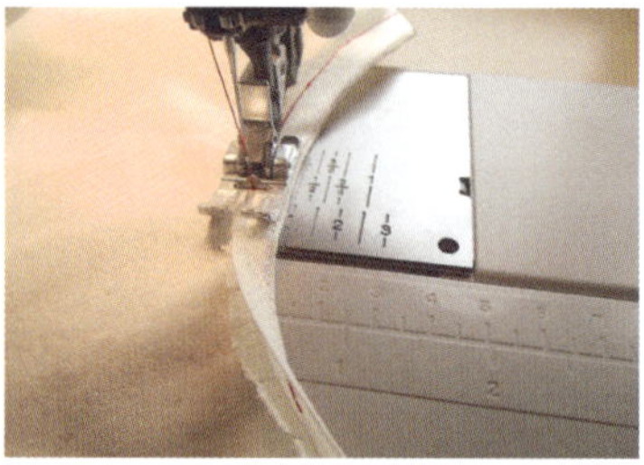

19/
Enfermez soigneusement les bouts de la fermeture invisible de manière à former des angles bien nets.

20/
Terminez le bas de la robe par un ourlet double de 1 cm.

OURLET

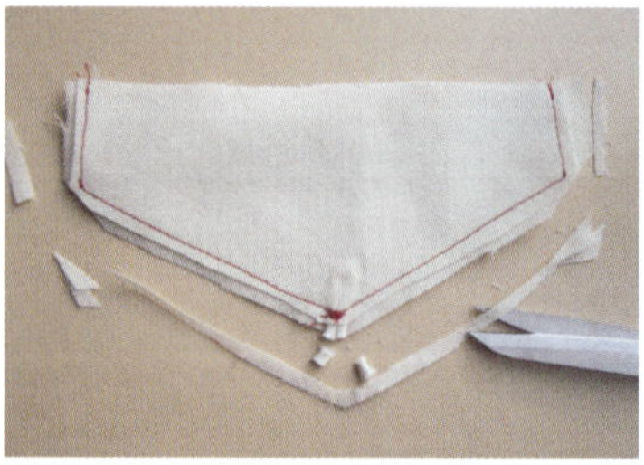

21/
Piquez les pièces du rabat l'une sur l'autre, endroit contre endroit. Sur la pointe du rabat, fixez une bride entre les deux épaisseurs de tissu. Dégarnissez les angles et les marges de couture pour éviter les surépaisseurs.

SAC À MAIN POUR TÉLÉPHONE PORTABLE

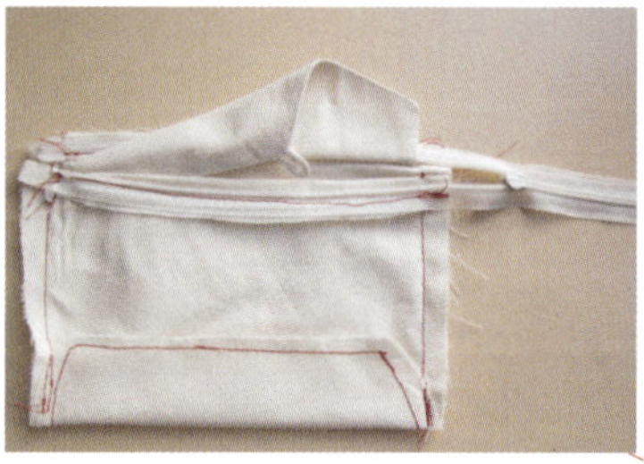

22/
Retournez le rabat sur l'endroit et assemblez le bord supérieur avec l'arrière du sac. Piquez les deux pièces du sac l'une sur l'autre, endroit contre endroit. Rabattez le fond du sac vers le devant en vous aidant des repères.
Piquez les coutures des côtés.

Pour le sac :
- 1 bouton de 1 cm
- 1 fermeture à glissière invisible de 15 cm

23/

Piquez la sangle, puis retournez-la sur l'endroit.

24/

Attachez les extrémités de la sangle au sac et cousez un bouton sur le devant.

Si vous souhaitez munir votre sac d'une fermeture à glissière invisible, posez-la avant d'assembler les pièces du sac.

LA ROBE À EMMANCHURES AMÉRICAINES

PLAN DE COUPE SUR 1 MÈTRE DE TISSU

LA ROBE TRAPÈZE À MANCHES KIMONO

MARCHE À SUIVRE

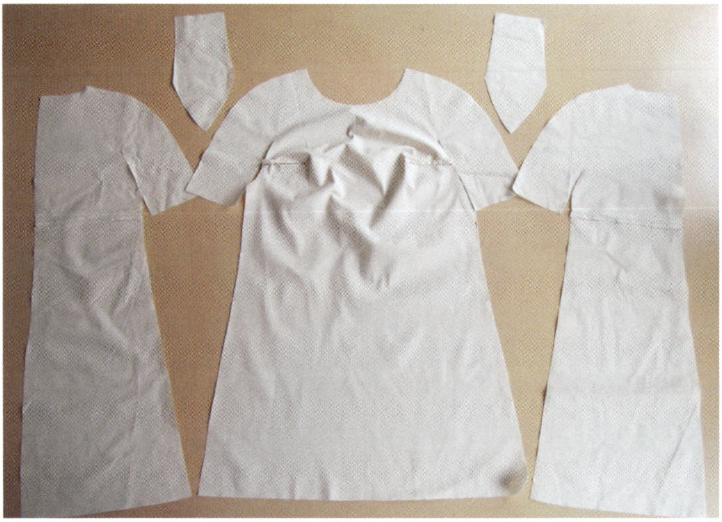

G

1/

Consultez les premières étapes décrites à la p. 14 : placez les pièces du patron sur le tissu, découpez-les et reportez-y les repères de couture. Disposez les pièces sur la table dans leur position finale (celle dans laquelle elles seront assemblées).

Piquez les pinces poitrine. Fermez la couture horizontale du dos (couture ouverte au fer).

LES PIÈCES, APRÈS DÉCOUPAGE

Il vous faudra :

- Tissu : 1 m de tissu élastique (jean, coton ou viscose)
- 1 fermeture à glissière invisible de 60 cm

2/

Disposez les pièces en dirigeant les manches vers le haut. Écartez complètement la fente de l'emmanchure jusqu'à faire un angle de 180° avec la couture de côté. Placez le dessous de manche comprenant le soufflet à côté des panneaux de la robe, ceci afin de visualiser le montage des pièces. Aidez-vous des crans de repère : le devant du soufflet / dessous de manche se reconnaît au repère qui coïncide avec la pince de poitrine.

3/

Assemblez ce triangle au devant de la robe. Épinglez la pointe du soufflet avec le premier repère de la couture de côté. Épinglez la partie la plus large du dessous de manche dans la pointe de la fente. Assurez-vous que les repères concordent !

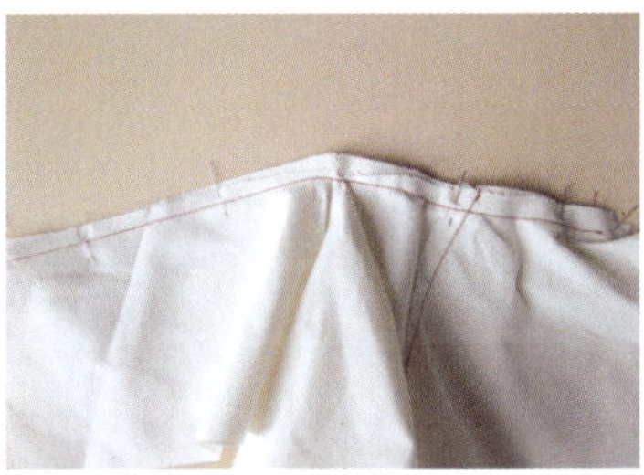

4/

Lorsque vous épinglez, il faut tenir compte du fait que la marge de couture de la fente se rétrécit: elle passe de 1 cm à 2 mm au plus profond de l'entaille. Elle s'élargit ensuite à nouveau progressivement jusqu'à 1 cm.

5/

La marge de couture du soufflet reste par contre de 1 cm. Écartez bien la fente jusqu'à ce que la longueur coïncide parfaitement. Piquez la pointe de la fente avec un point très court pour une couture plus résistante. Piquez toute la couture d'assemblage du dessous et du dessus de manche (couture fermée).

6/

Vous venez de rallonger le dessous de manche, dont la pointe va jusqu'à la couture de côté. Lorsque vous remettez la manche dans sa position normale, vous voyez qu'un soufflet se forme. Il s'agit d'un élément typique de la manche kimono classique.

7/

Fermez maintenant la couture de côté (couture ouverte).

Vous remarquez que les marges de couture des côtés se prolongent par les 2 coutures fermées de la pointe des soufflets.

8/

Il ne vous reste plus qu'à assembler les coutures d'épaule et votre manche est terminée !

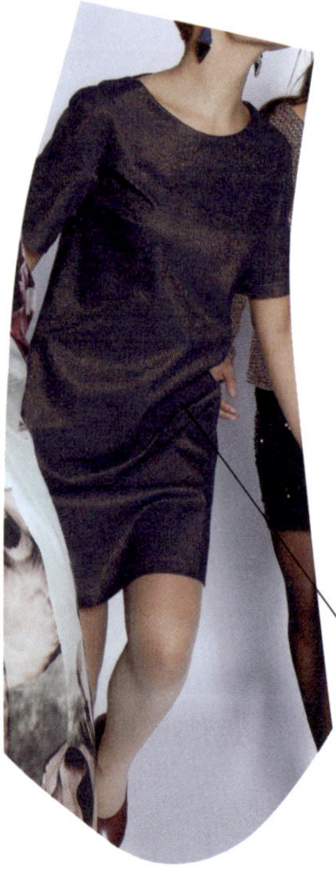

LA ROBE TRAPÈZE
À MANCHES KIMONO

9/
Piquez la fermeture à glissière invisible dans la couture du M dos. Ouvrez la fermeture et piquez d'abord le ruban gauche sur le dos gauche, puis le ruban droit sur le dos droit. Un pied spécial pour fermeture à glissière invisible vous permettra d'aller plus vite, mais un pied fermeture à glissière ordinaire fera aussi l'affaire. Vous devez dans ce cas vous y prendre en 2 temps: piquez une première couture pour maintenir le ruban en place. Réalisez la deuxième piqûre bien dans le creux de la spirale, tout près des dents.

10/
Après avoir réalisé la première piqûre, vérifiez que le côté gauche et le côté droit de la couture horizontale du dos sont parfaitement alignés.

11/
Fermez le reste de la couture du M dos en piquant à gauche de la fermeture avec le pied fermeture à glissière ordinaire. Piquez le plus près possible de la couture de montage de la fermeture.

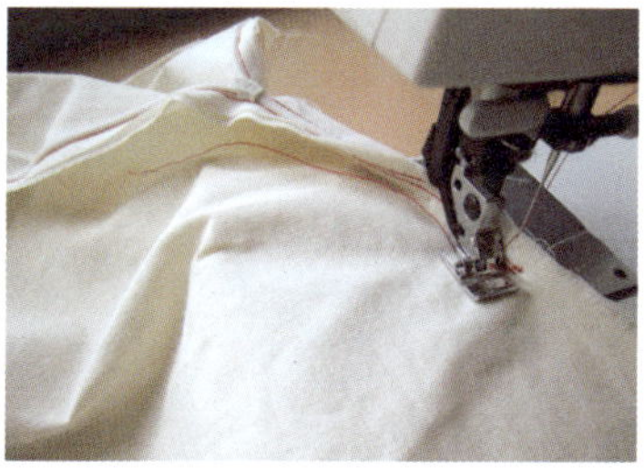

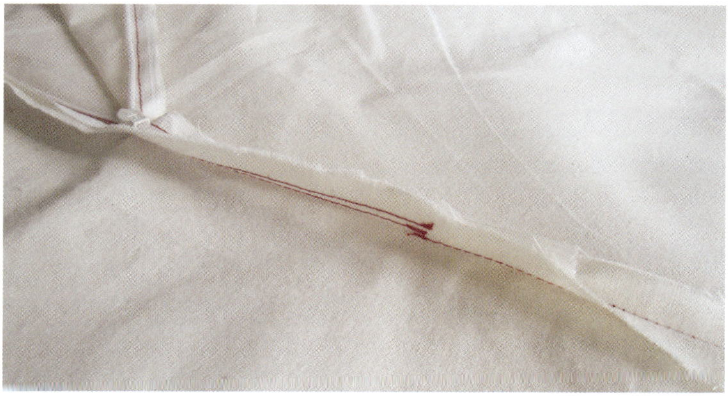

12/
Voici la couture du M dos sous la fermeture invisible (couture ouverte).

13/

Assemblez les pièces de la parementure d'encolure par une couture ouverte. Posez la parementure sur l'encolure, endroit contre endroit. Piquez la couture d'encolure : commencez le long de la fermeture à glissière, faites un angle en haut du M dos et suivez la ligne d'encolure en piquantà 1 cm du bord. Recoupez les marges de couture à différentes largeurs et dégarnissez les angles pour éviter les surépaisseurs.

14/

Retournez la parementure sur l'intérieur de la robe. Repassez l'encolure en faisant basculer la ligne de couture sur l'intérieur, à 1 mm du bord. Le haut de la fermeture à glissière est joliment dissimulé dans la couture de la parementure.

15/

Épinglez le pourtour de la parementure au corps de la robe. Surpiquez le bord surfilé de la parementure en piquant à l'aiguille double, endroit vers vous. Vous ne pouvez pas voir le bord de la parementure pendant que vous piquez, mais vous pouvez le sentir avec les doigts. Placez les épingles exactement sur le bord de la parementure. Vous verrez ainsi où vous devez piquer.

La parementure est maintenant attachée à l'encolure de la robe et ne pourra plus glisser.

16/
Pliez et repassez un ourlet de 2 cm au bas des manches. Retournez les manches sur l'envers. Piquez l'ourlet à l'aiguille double sur l'endroit du tissu, afin de pouvoir y accéder facilement avec le pied de la machine. Vous ne pouvez pas voir le bord de l'ourlet pendant que vous piquez, mais vous pouvez le sentir avec les doigts ou l'indiquer par des épingles perpendiculaires.

17/
Pliez et repassez un ourlet de 3 cm au bas de la robe.

18/
Piquez l'ourlet à l'aiguille double, endroit vers vous,

LA ROBE TRAPÈZE À MANCHES KIMONO

PLAN DE COUPE SUR
1 MÈTRE DE TISSU

H

LA JUPE DROITE ET LE COL FANTAISIE

1/

Consultez les premières étapes décrites à la p. 14 : placez les pièces du patron sur le tissu, découpez-les et reportez-y les repères de couture. Disposez les pièces sur la table dans leur position finale (celle dans laquelle elles seront assemblées).

Piquez toutes les pinces et coutures du devant et du dos (coutures fermées). Repassez les coutures du devant vers le M devant, et celles du dos vers le M dos. Laissez pour l'instant la couture du M dos ouverte pour la fermeture à glissière et la fente.

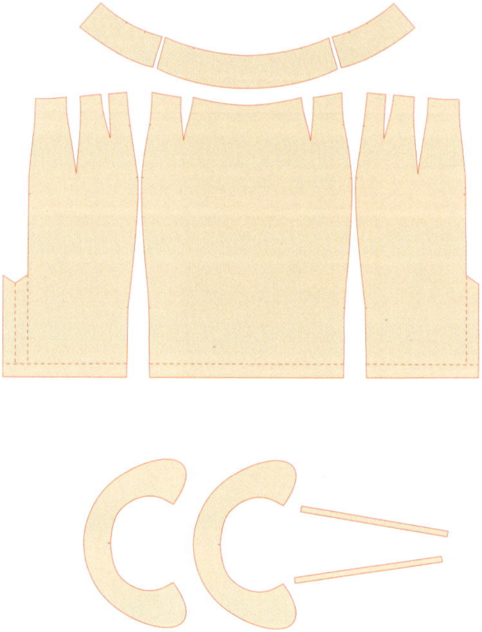

LES PIÈCES,
APRÈS DÉCOUPAGE

Il vous faudra :
- Tissu : 1 m de coton, jean, soie, satin ou viscose.
Comptez une taille inférieure si vous utilisez un tissu stretch.

Pour la jupe :
- 1 fermeture à glissière invisible de 30 cm
- 1 bouton de 1 cm
- Tissu thermocollant pour la ceinture si vous utilisez un tissu souple (100 cm x 10 cm)

2/
Fixez une bride en haut du dos gauche.

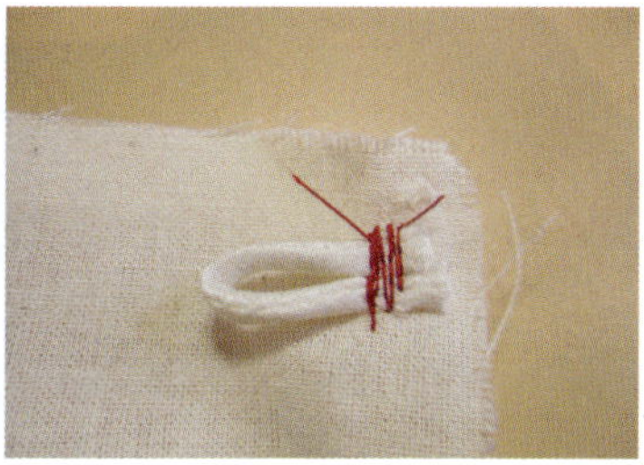

3/
Ouvrez la fermeture à glissière invisible et positionnez-la de sorte qu'elle commence juste au-dessus de la bride.

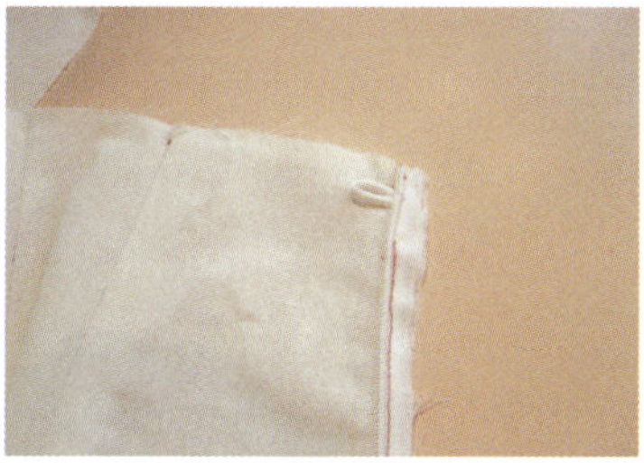

5/
Repliez et piquez les deux rabats de la fente. Regardez bien le patron et recoupez la marge de couture de la fente sur le dos gauche.

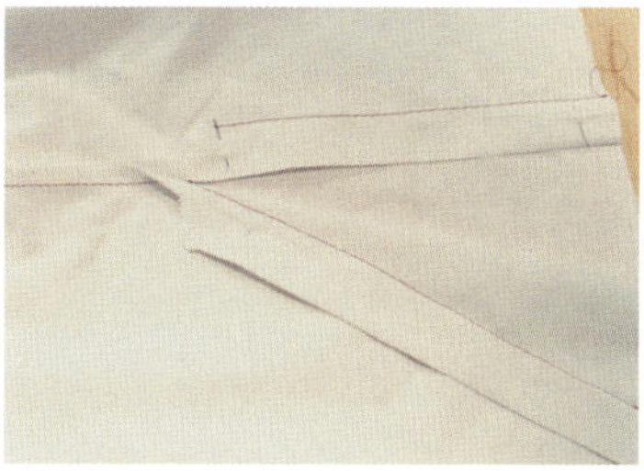

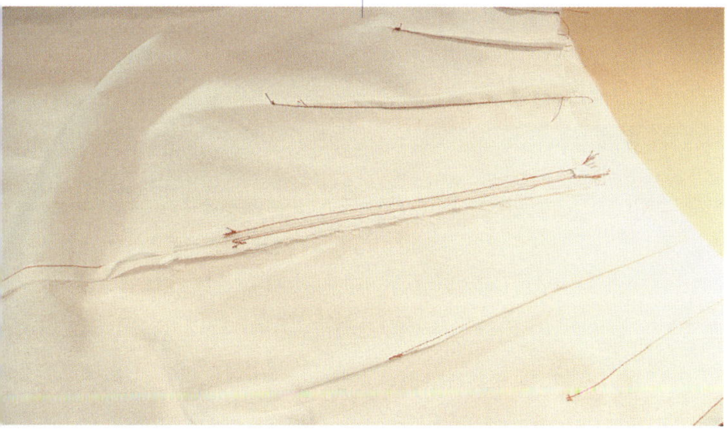

4/
Piquez d'abord le ruban gauche sur le dos gauche, puis le ruban droit sur le dos droit. Un pied spécial pour fermeture à glissière invisible vous permettra d'aller plus vite, mais un pied fermeture à glissière ordinaire fera aussi l'affaire. Vous devez dans ce cas vous y prendre en 2 temps: piquez une première couture pour maintenir le ruban en place. Réalisez la deuxième piqûre bien dans le creux de la spirale, tout près des dents Fermez ensuite le M dos par une couture ouverte.

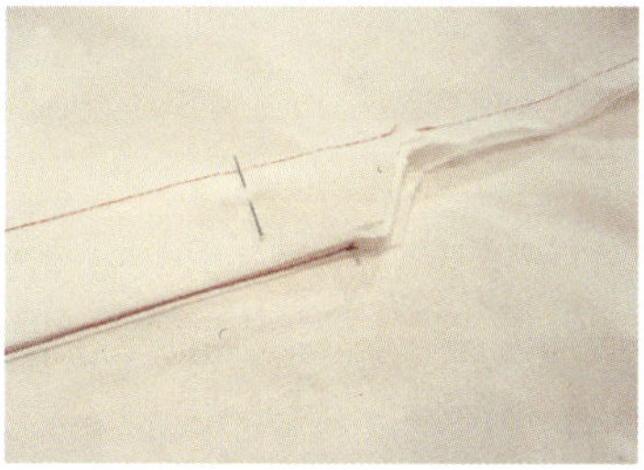

6/
Pliez les rabats de la fente l'un sur l'autre et réalisez une petite piqûre perpendiculaire.

Pour les tissus épais, il est préférable d'assembler les coins par une couture diagonale et de couper l'excédent de tissu à l'intérieur de l'ourlet.

7/
Le corps brut de la jupe (devant et dos) est terminé.

8/
Assemblez les pièces de la parementure de la taille.

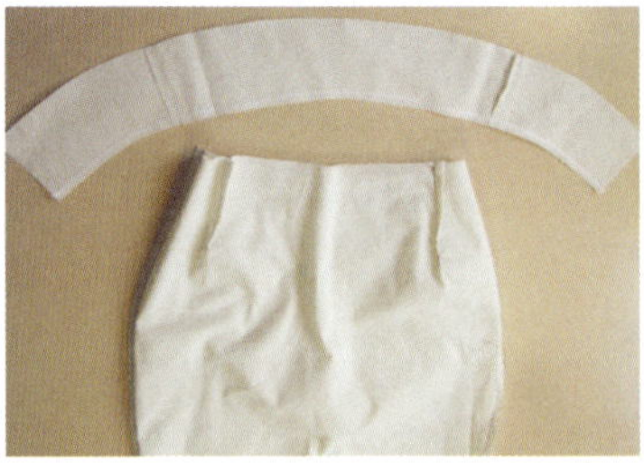

9/
Posez la parementure de la taille sur le haut de la jupe, endroit contre endroit. Piquez la couture de la taille et les coins du M dos en prenant le ruban de la fermeture à glissière dans la couture.

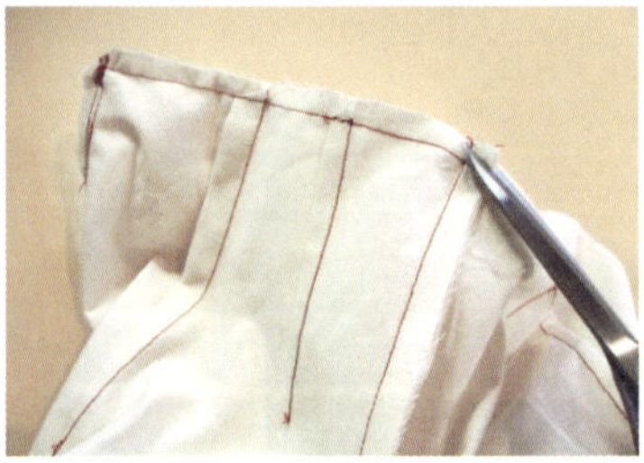

10/
Dégarnissez les marges de couture et les angles pour éviter les surépaisseurs.

11/
Retournez la parementure de la taille sur l'intérieur de la jupe.

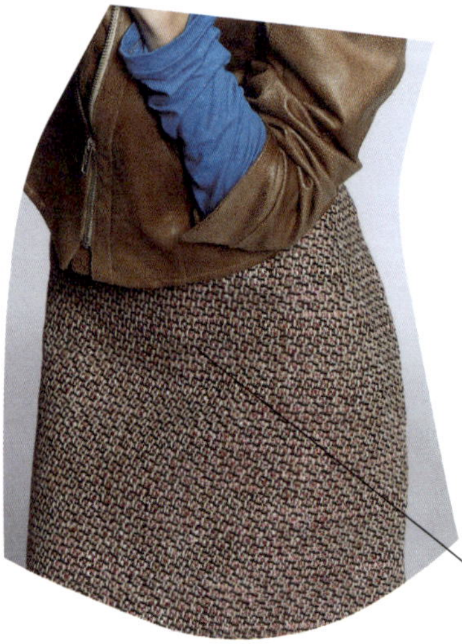

LA JUPE DROITE

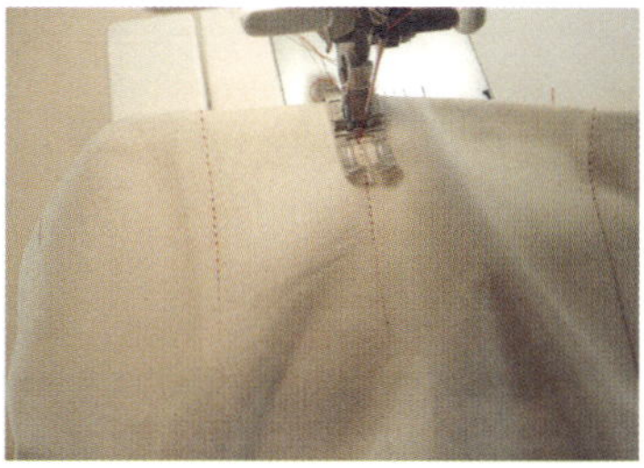

12/

Surpiquez le haut des coutures de côté pour que la parementure reste bien à l'intérieur de la jupe. Travaillez sur l'endroit afin de pouvoir piquer exactement dans la ligne de couture.

13/

Au bas de la jupe, faites un ourlet de 3 cm et repliez le coin de la fente en diagonale.

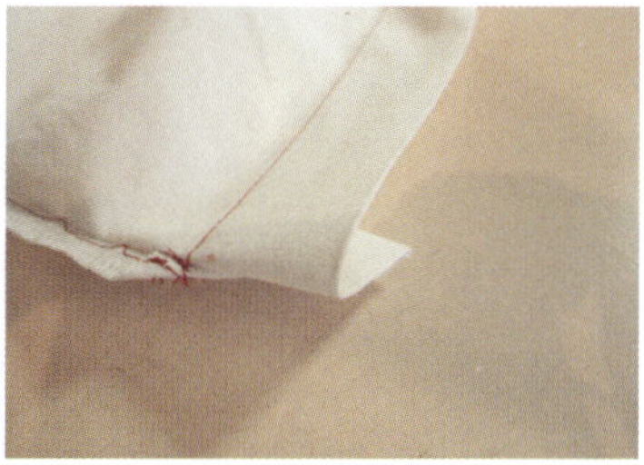

14/

Repliez l'ourlet « en accordéon » (voir p. 108) endroit contre endroit pour pouvoir piquer un ourlet invisible.

15/

Sélectionnez un point zigzag spécial qui alterne un jeté d'aiguille (pointe du zigzag) avec quelques points droits. Pendant que vous piquez, assurez-vous que seule la pointe du zigzag est visible sur l'endroit du vêtement.

16/

Repassez soigneusement l'ourlet.

17/

Cousez un petit bouton sur le dos droit de la jupe, en haut de la fermeture à glissière.

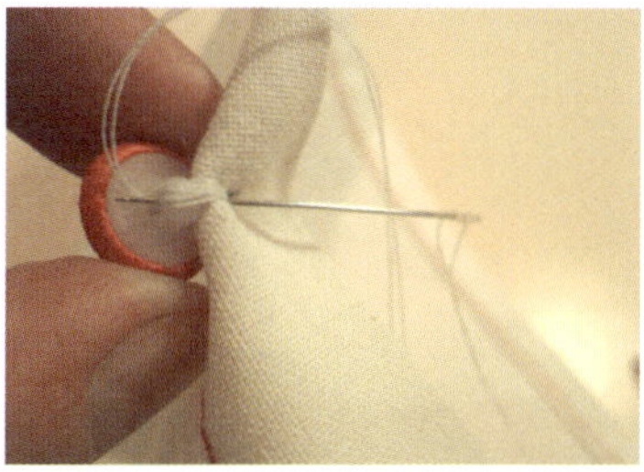

18/

Votre fermeture est terminée ! Le bouton et la bride sont facultatifs. Les fermetures à glissières invisibles n'ont pas tendance à s'ouvrir toutes seules, mais ce petit bouton cousu à la taille est une sécurité supplémentaire.

19/

Piquez avec un petit point zigzag le ruban qui servira à nouer le col.

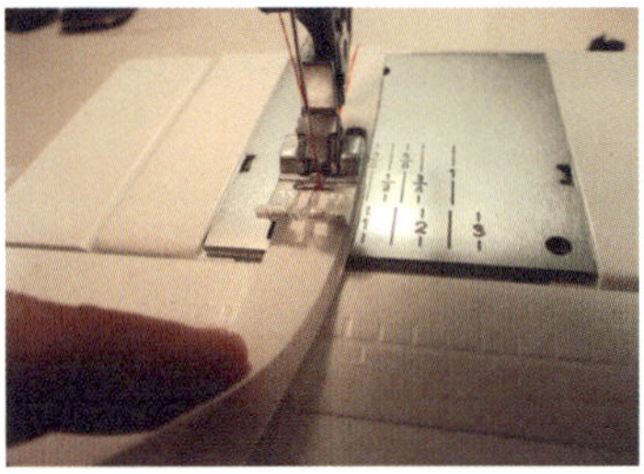

20/

Coupez les fils de couture assez longs et faites un point d'arrêt supplémentaire (piquez quelques points en effectuant un aller-retour). Vous disposez ainsi de 6 fils de couture pour retourner le ruban.

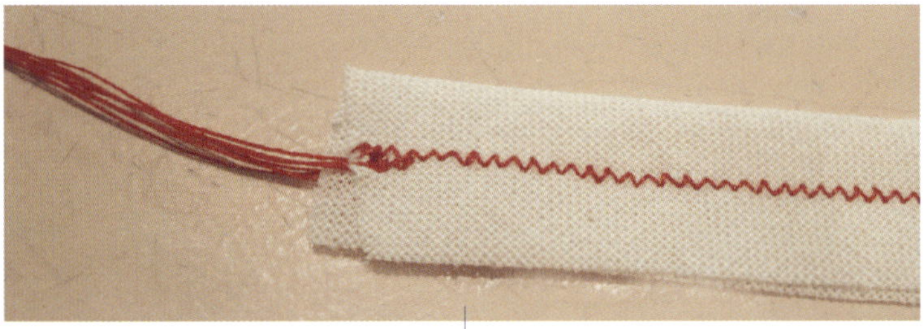

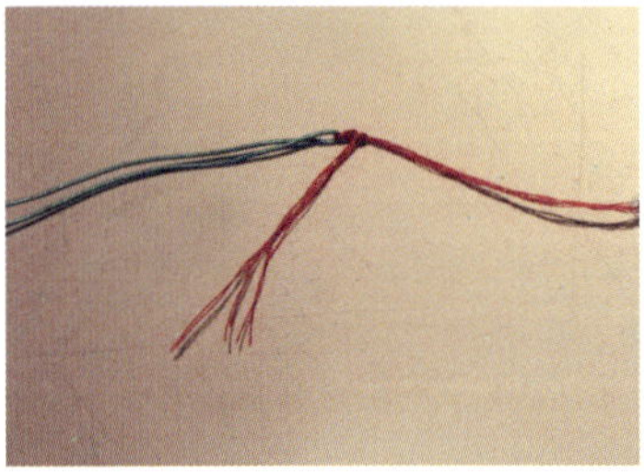

21/

Pliez un fil de fer en deux et glissez-le dans le ruban. Nouez les fils de couture au « chas » du fil de fer et retournez le ruban sur l'endroit. Utilisez un petit morceau de ce ruban pour réaliser la bride boutonnière de la jupe. Coupez le ruban restant en deux.

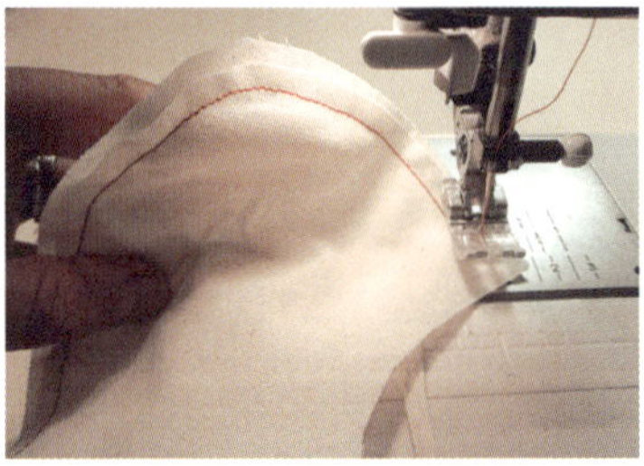

22/

Superposez les deux pièces du col, endroit contre endroit, et piquez le long du bord.

23/

Sur chaque pointe des milieux devants, piquez le bout d'un ruban en sandwich entre les deux épaisseurs du col.

24/

Laissez une ouverture dans l'encolure pour pouvoir retourner le col. Crantez les marges de couture des arrondis.

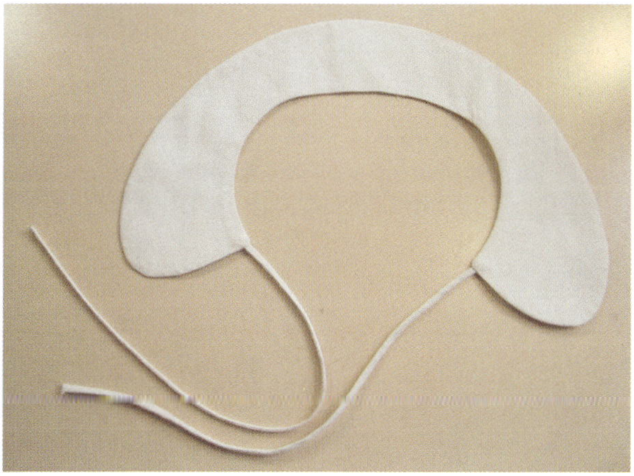

25/

Retournez le col sur l'endroit, repassez-le soigneusement et fermez la partie encore ouverte de la couture.

LA JUPE DROITE
ET LE COL FANTAISIE

VARIATION SUR UN T-SHIRT
p. 59
LE SWEAT À CAPUCHE
p. 43
LE PANTALON LARGE
p. 109

LA ROBE À EMMANCHURES AMÉRICAINES
p. 67
LA JUPE DROITE ET LE COL FANTAISIE
p. 83
VARIATION SUR UN T-SHIRT
p. 59

PLAN DE COUPE SUR
1 MÈTRE DE TISSU

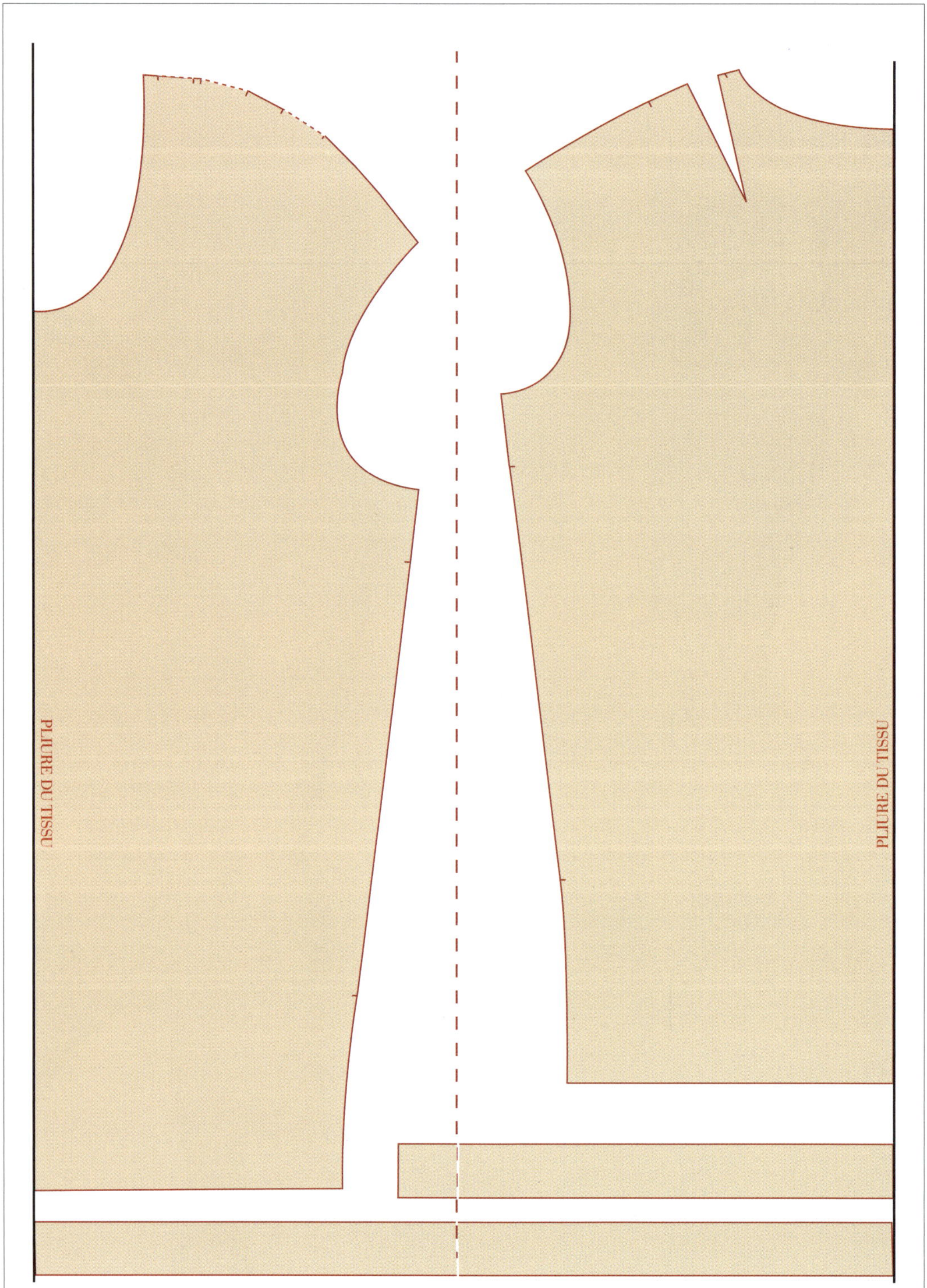

LA ROBE TUNIQUE

1/

Consultez les premières étapes décrites à la p. 14 : placez les pièces du patron sur le tissu, découpez-les et reportez-y les repères de couture. Disposez les deux pièces sur la table dans leur position finale (celle dans laquelle elles seront assemblées).

LES PIÈCES,
APRÈS DÉCOUPAGE

Il vous faudra :
- Tissu : 1 m de viscose, satin, voile de coton ou de soie
- 1,70 m de biais replié assorti pour les finitions

2/
Formez les plis des épaules du devant. Épinglez et piquez.

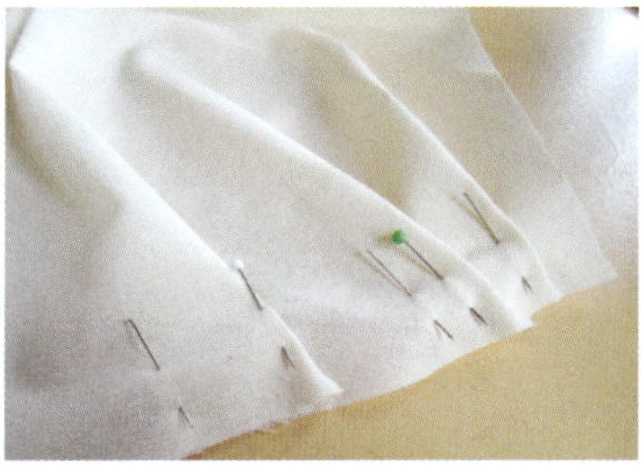

3/
Piquez les pinces d'épaule et repassez les marges de couture vers le M dos.

4/
Piquez les coutures d'épaule (couture fermée).

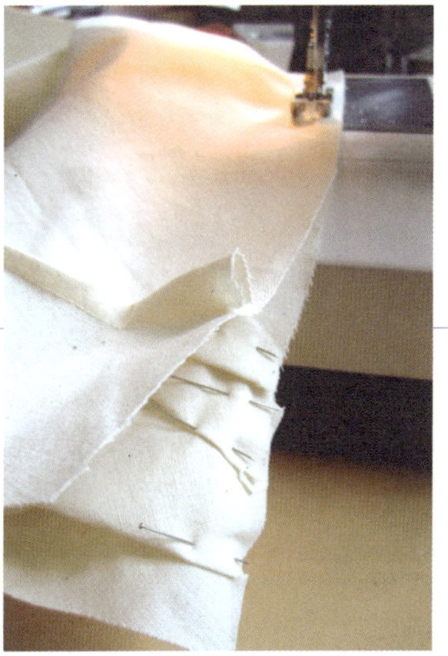

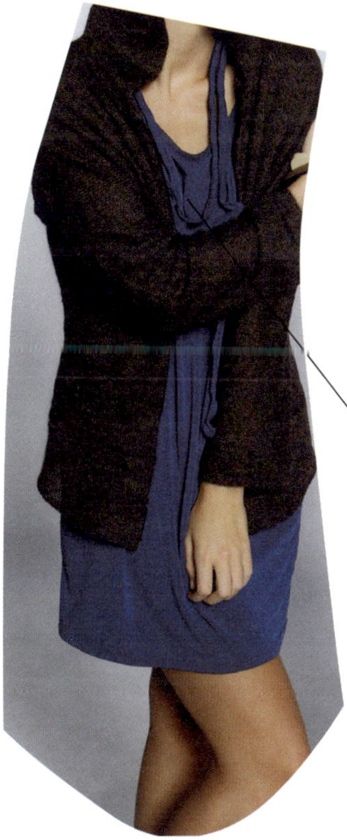

LA ROBE TUNIQUE

5/
Repassez la marge des coutures d'épaule vers le panneau sans plis, en l'occurrence le dos.

6/
Piquez les coutures de côté (couture fermée) et repassez les marges de couture vers le devant.

7/
Finissez les emmanchures et l'encolure avec un biais.

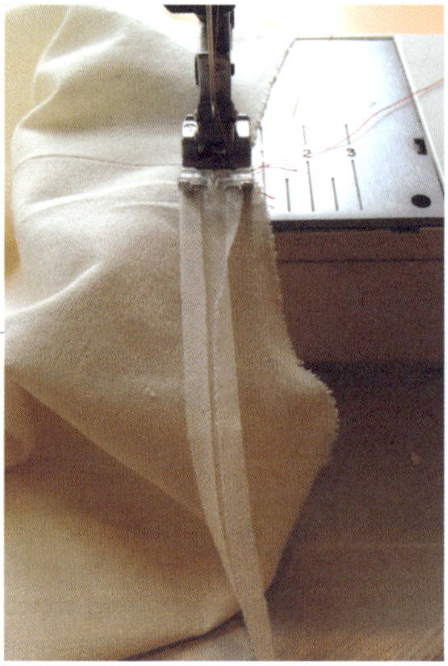

8/

Commencez la piqûre en repliant le bout du biais.

9/

Terminez la piqûre en superposant les extrémités du biais.

10/

Retournez complètement le biais sur l'intérieur du vête-ment. Épinglez à l'endroit où les deux extrémités du biais se superposent.

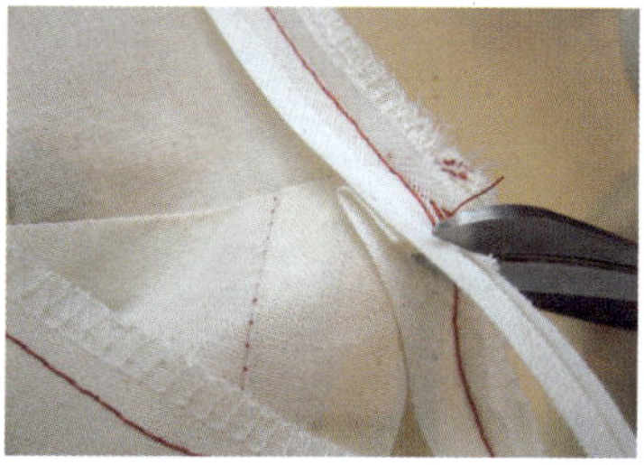

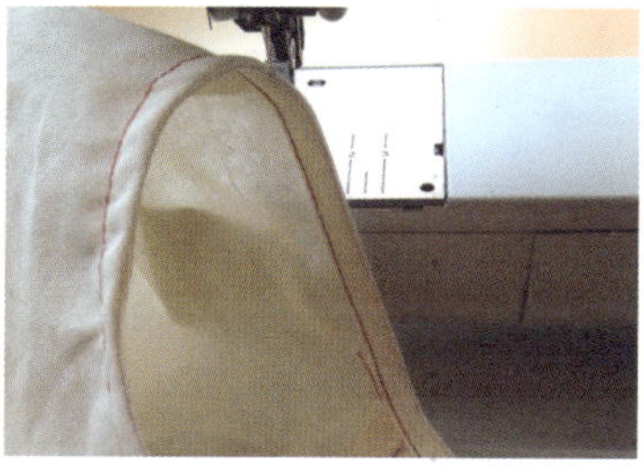

11/

Piquez le biais le long du bord. Si vous le maintenez en place pendant que vous piquez, vous n'aurez pas besoin d'utiliser des épingles.

12/

L'emmanchure est terminée. Il ne manque plus qu'un petit coup de fer !

13/

Pliez la ceinture dans la longueur, endroit contre endroit, et piquez. Commencez votre piqûre sur le bout de la ceinture en formant une pointe sur la pliure du tissu. Pour piquer un angle bien net, laissez l'aiguille de la machine enfoncée dans le tissu, levez le pied presseur et tournez votre tissu.

14/
Dégarnissez les angles et les marges de couture pour éviter les surépaisseurs.

15/
Laissez une ouverture dans la couture pour retourner la ceinture.

16/
Retournez la ceinture sur l'endroit en repoussant la pointe vers l'intérieur à l'aide d'un poinçon (ou d'une aiguille à tricoter). Refermez la partie laissée ouverte.

17/
Votre ceinture est prête. Encore un petit coup de fer !

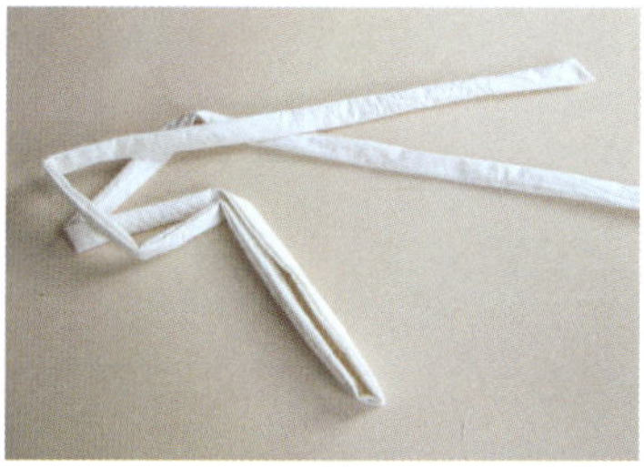

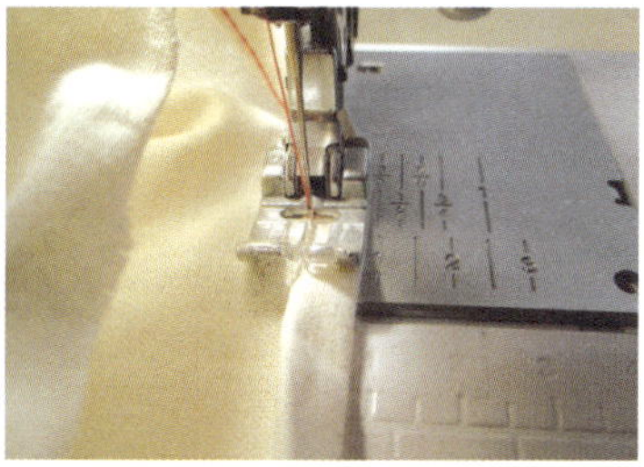

18/
Piquez un ourlet double sur le bas de la robe.

LA ROBE TUNIQUE

PLAN DE COUPE SUR
1 MÈTRE DE TISSU

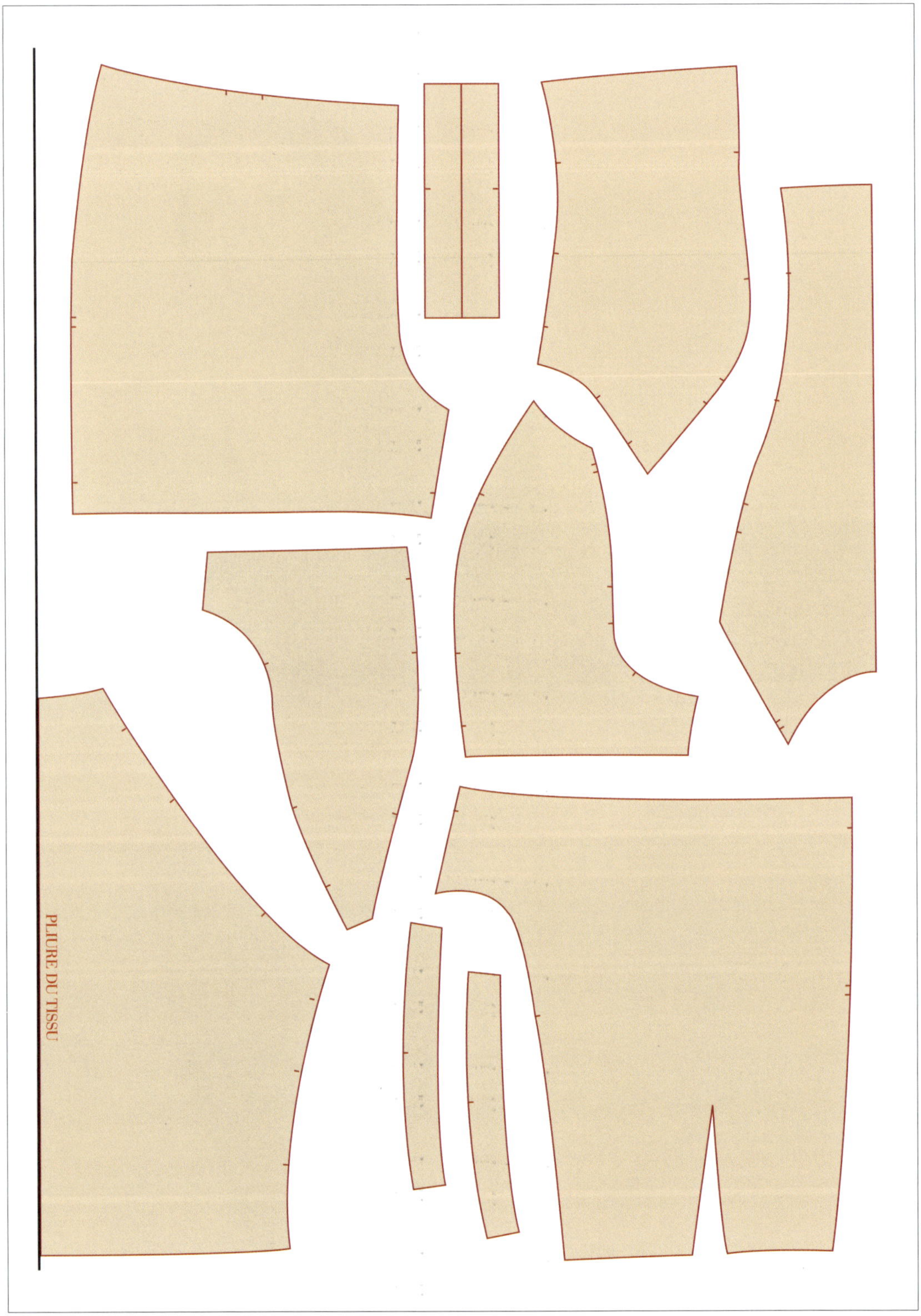

J

LE SHORT ET LE TOP À MANCHES RAGLAN OU LE PANTALON LARGE

MARCHE À SUIVRE

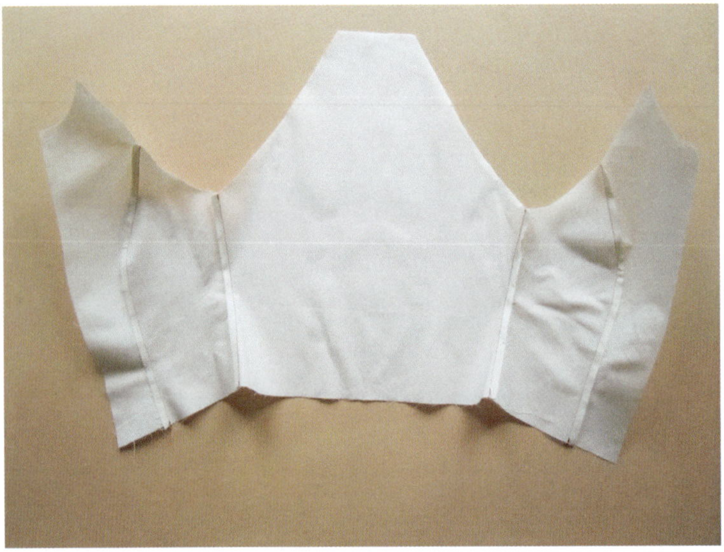

1/
Consultez les premières étapes décrites à la p. 14 : placez les pièces du patron sur le tissu, découpez-les et reportez-y les repères de couture. Disposez les pièces sur la table dans leur position finale (celle dans laquelle elles seront assemblées).

Fermez toutes les coutures du devant et du dos (couture fermée). Repassez les coutures vers le M devant.

LES PIÈCES,
APRÈS DÉCOUPAGE

2 VARIANTES

Voir le pantalon long
p. 109

Il vous faudra :

- Tissu : 1 m de coton, jean, soie, satin ou viscose.
Comptez une taille inférieure si vous utilisez un tissu stretch.

Pour le top :
- 1 fermeture à glissière séparable de 40 cm
- 1,40 m de biais replié assorti pour les finitions

2/
Réalisez les manches : piquez la couture d'épaule (couture ouverte) et la couture du dessous-de-bras (couture fermée).

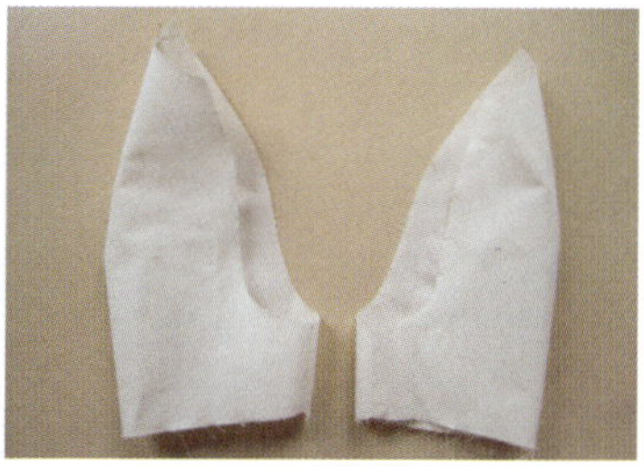

3/
Épinglez et piquez la manche dans l'emmanchure à moitié ouverte.

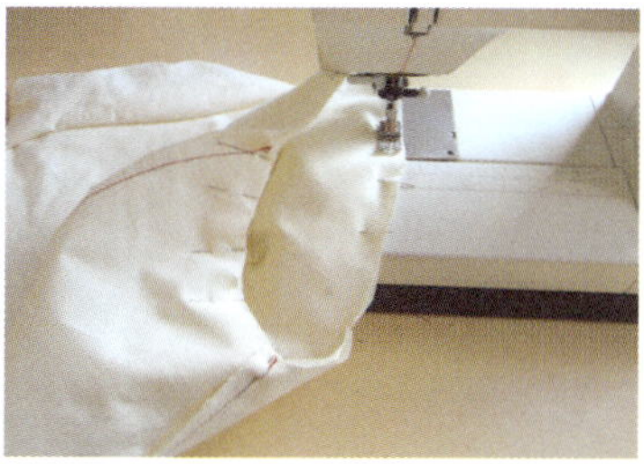

4/
Piquez l'autre manche. Repassez les marges de couture vers la manche.

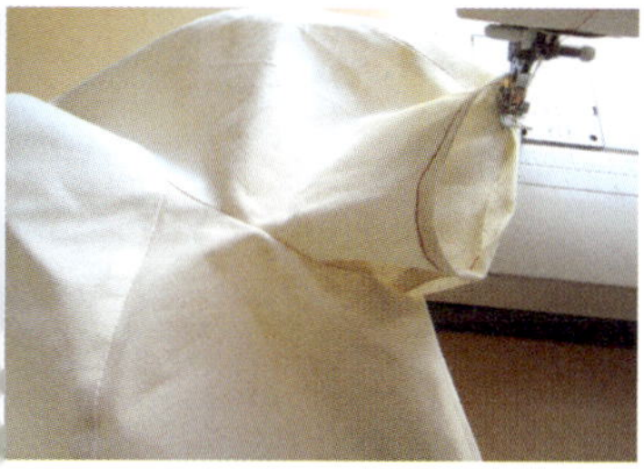

5/
Finissez le bas des manches par un ourlet double.

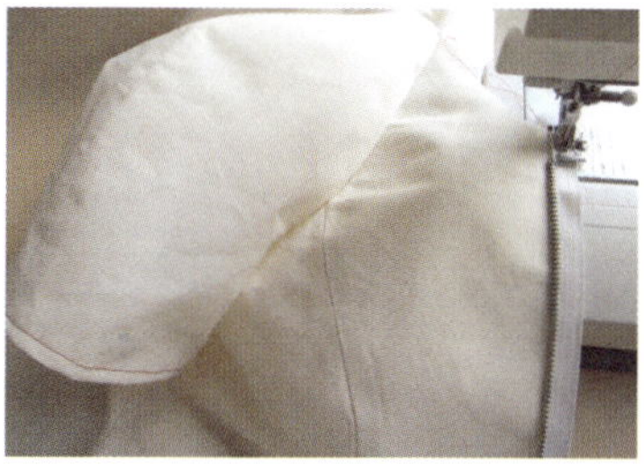

6/
Placez les rubans de la fermeture séparable sur les milieux devants du corsage, endroit contre endroit. Les dents de la fermeture sont dirigées vers le côté. Piquez le long des dents avec le pied fermeture à glissière.

7/

Finissez l'encolure et l'ourlet avec un biais. Pour éviter que le tissu ne se détende, vous pouvez repasser et surpiquer une bande fine d'entoilage thermocollant sur le bord intérieur. Dépliez un des bords du biais et alignez-le au bord du tissu, endroit contre endroit. Piquez dans la pliure du biais.

8/

Retournez complètement le biais sur l'intérieur du vêtement en enfermant le haut des rubans de la fermeture à glissière.

9/

Surpiquez le biais le long du bord.

10/

Procédez de la même manière pour la finition de l'ourlet. Assurez-vous que vous avez soigneusement replié le biais et qu'il forme des angles bien nets sur les bouts de la fermeture à glissière.

Pour le short :
- 1 fermeture à glissière invisible de 30 cm
- Tissu thermocollant pour la ceinture si vous utilisez un tissu souple (100 cm x 10 cm)

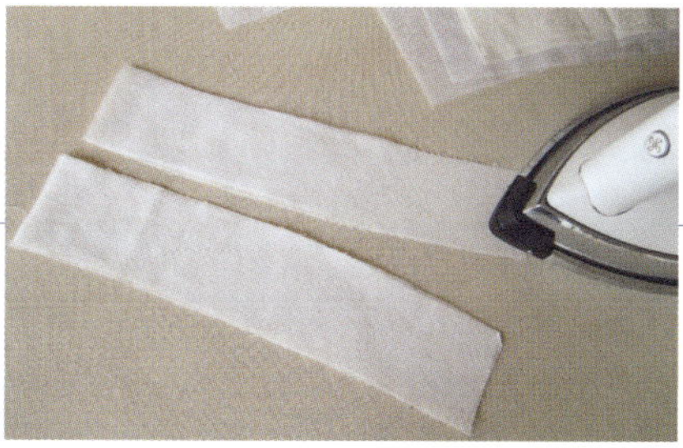

11/
Disposez les pièces du patron sur la table. Piquez les plis des devants et les pinces des dos. Fermez les coutures de côté et la fourche sur le M devant (couture ouverte).

12/
Entoilez les pièces de la ceinture avec un entoilage thermocollant.

13/
Assemblez les devants de la ceinture. Fermez la couture du M devant et les côtés de la ceinture (couture ouverte). Dégarnissez les angles et les marges de couture pour éviter les surépaisseurs. Crantez les arrondis.

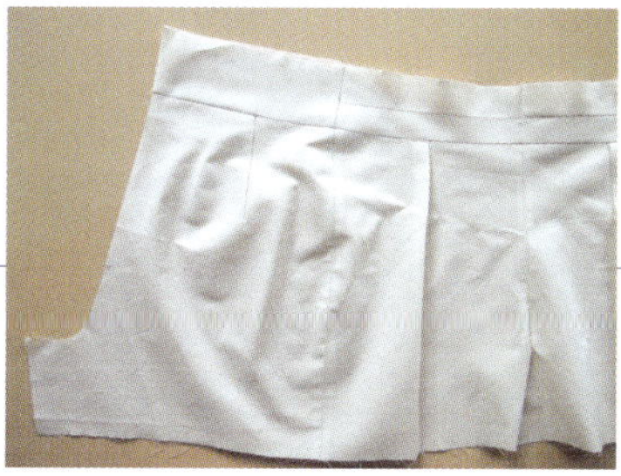

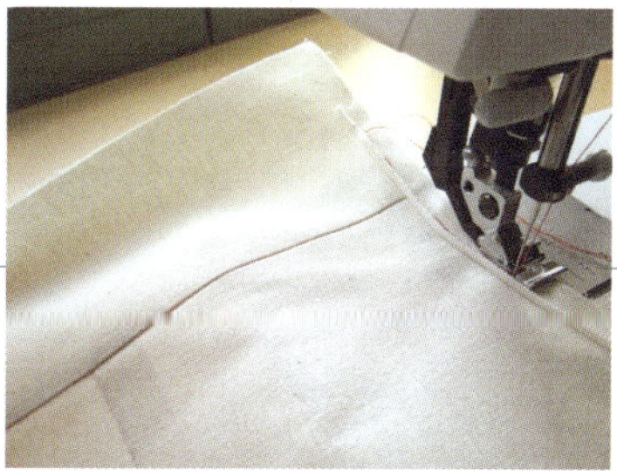

14/
Épinglez et piquez la ceinture sur le haut du short, endroit contre endroit. Faites bien coïncider les coutures verticales. Recoupez les marges de couture à différentes largeurs.

15/
Repassez la ceinture en couchant les marges de couture vers la ceinture. Le devant de la ceinture, de forme légèrement arrondie, a été coupé en 2 parties. Le dos de la ceinture est droit, il peut donc se couper en une seule pièce sur le pli du tissu.

16/
Piquez la fermeture à glissière invisible sur le M dos. Ouvrez la fermeture et piquez d'abord le ruban gauche sur le dos gauche, puis le ruban droit sur le dos droit. Commencez votre piqûre à mi-hauteur de la ceinture afin de pouvoir la replier ensuite.

17/
Un pied spécial pour fermeture à glissière invisible vous permettra d'aller plus vite, mais un pied fermeture à glissière ordinaire fera aussi l'affaire. Vous devez dans ce cas vous y prendre en 2 temps. Piquez une première ligne de couture pour maintenir le ruban en place, cela vous évite d'avoir à le bâtir.

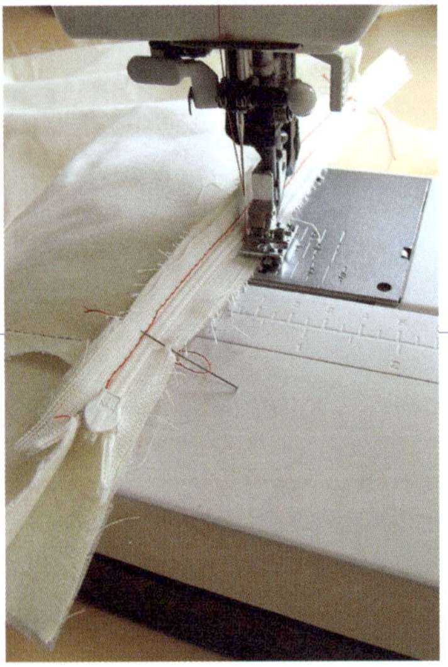

18/
Après avoir réalisé la première piqûre, assurez-vous que les coutures horizontales de la ceinture sont bien en vis-à-vis de chaque côté de la fermeture.

19/
Écartez la spirale de la fermeture et réalisez la deuxième piqûre bien dans le creux, tout près des dents.

20/
Piquez la fourche sous la fermeture à glissière (couture ouverte au fer). Pour cela, vous devez piquer de l'autre côté du pied fermeture à glissière.

21/

L'arrondi de la fourche est assez prononcé, il faut donc cranter les marges de couture avant de les surfiler au point zigzag ou à la surjeteuse.

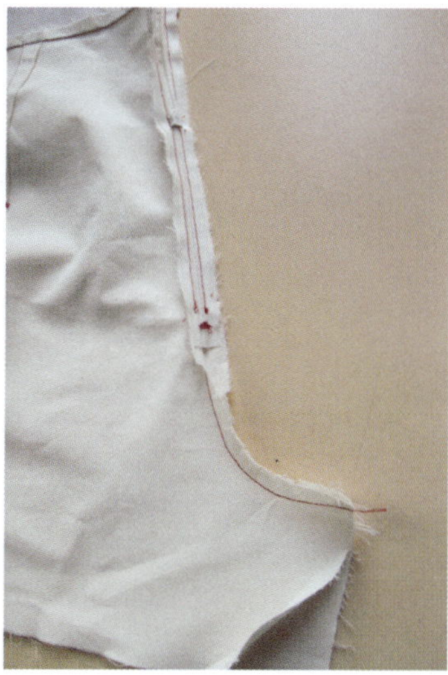

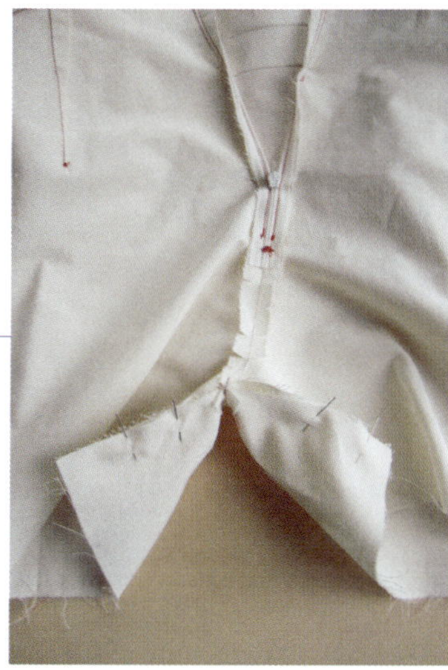

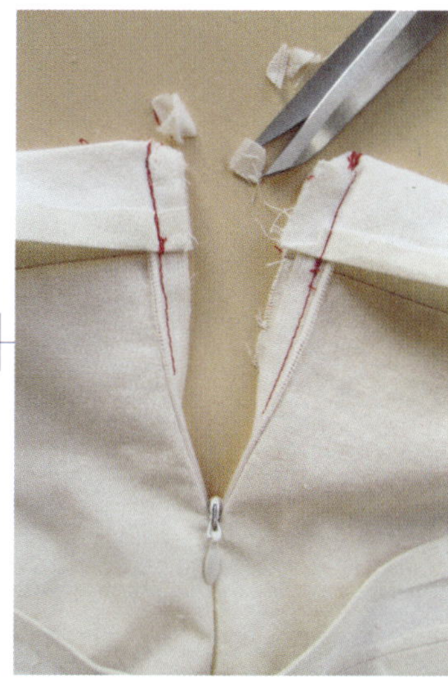

22/

Fermez la couture d'entrejambe (couture ouverte).

23/

Repliez la ceinture endroit contre endroit. Pliez et repassez les marges de couture du bord inférieur. Piquez les extrémités de la ceinture le long des dents de la fermeture à glissière.

24/

Retournez la ceinture sur l'intérieur. Surpiquez le bord inférieur de la ceinture, l'endroit du vêtement vers vous. Piquez exactement dans la ligne de couture pour que la piqûre soit la plus discrète possible.

25/

Les extrémités de la fermeture à glissière sont joliment dissimulées dans la ceinture.

26/

Pliez un ourlet de 2 cm et marquez-le au fer à repasser.Repliez l'ourlet « en accordéon », endroit contre endroit, sur la ligne de couture. Surpiquez l'intérieur de l'ourlet à 0,5 cm du bord du tissu. Sélectionnez pour cela le point d'ourlet invisible. Ce point alterne 3 points droits avec un jeté d'aiguille (pointe du zigzag) qui ne forme qu'un petit point discret sur l'endroit du tissu.

27/

Repassez soigneusement l'ourlet. Vous voyez les petits points de l'ourlet invisible sur l'endroit.

Vous pouvez aussi tout simplement épingler la ceinture et la coudre à la main sur l'intérieur.

LE TOP
À MANCHES RAGLAN

PANTALON LONG

Si vous souhaitez confectionner un pantalon long, procédez de la même manière que pour le short. Le pantalon ci-dessous a été réalisé avec une fermeture à glissière invisible sur le M devant et une boutonnière à la ceinture. Avec un métrage de tissu un peu plus important, vous pouvez encore allonger le pantalon.

LE PANTALON LARGE

Pour le pantalon large :

- Tissu : 1 m de crêpe, coton, lin ou gabardine de laine légère
- 1 fermeture à glissière invisible de 30 cm
- Tissu thermocollant pour la ceinture si vous utilisez un tissu souple (100 cm x 10 cm)

LA ROBE TRAPÈZE
À MANCHES KIMONO
p. 75
LA VESTE
À FERMETURE
À GLISSIÈRE
SÉPARABLE
p. 128
LE BUSTIER
ET LA JUPE
COROLLE
p. 51

LA ROBE TUNIQUE
p. 93
LA VESTE
À FERMETURE
À GLISSIÈRE
SÉPARABLE
p. 128
LE PANTALON
LARGE
p. 109

PLAN DE COUPE SUR
1 MÈTRE DE TISSU

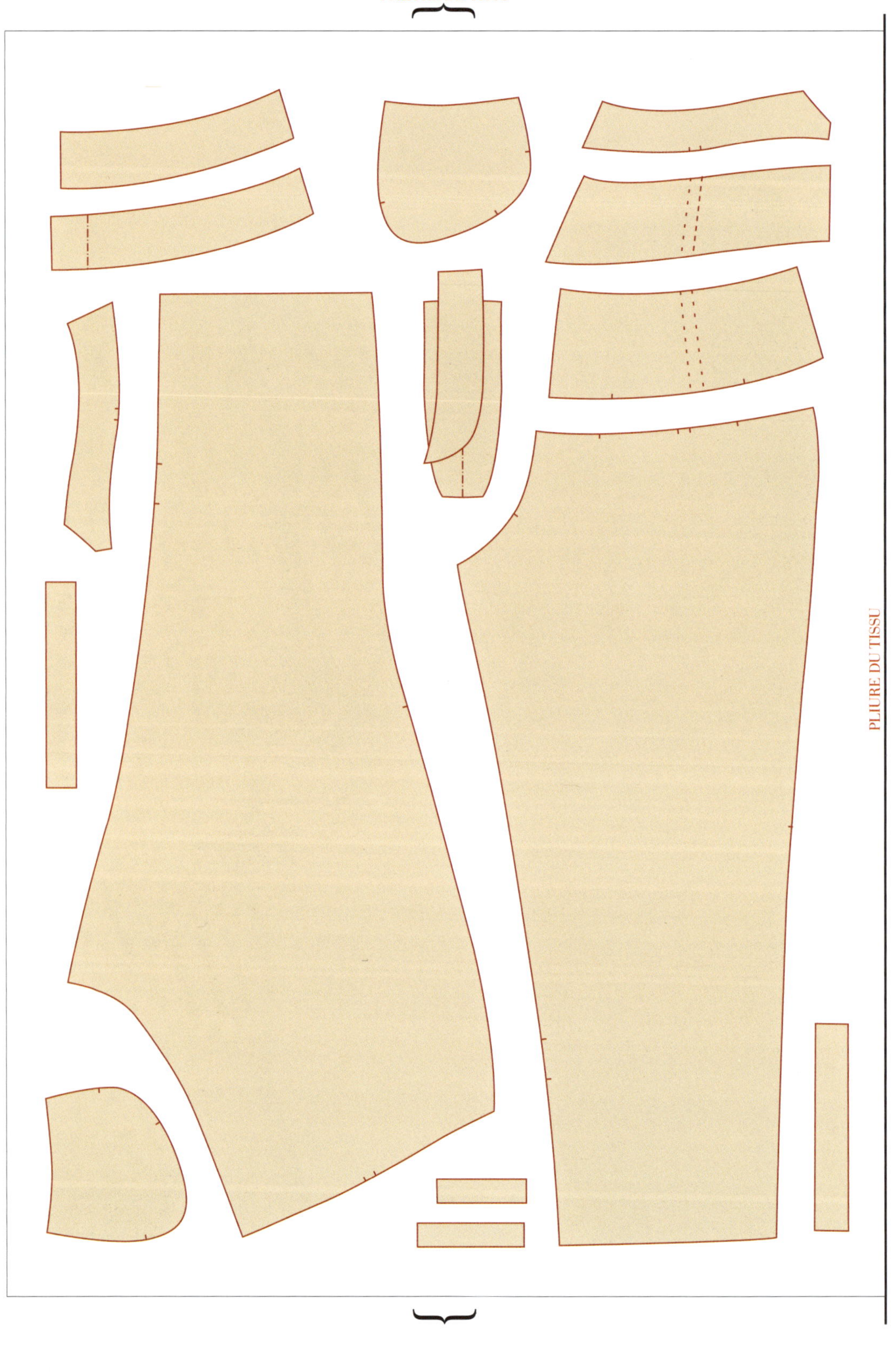

LE PANTALON MOULANT TAILLE HAUTE

{ LE PANTALON MOULANT TAILLE HAUTE

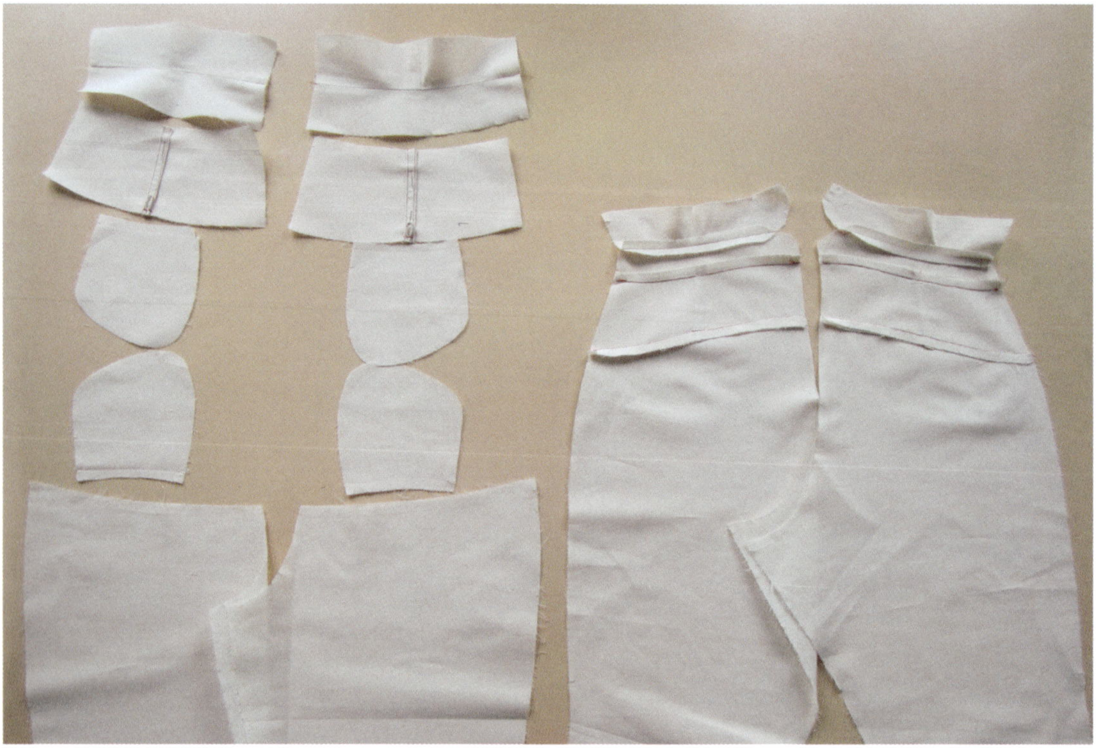

1/

Consultez les premières étapes décrites à la p. 14 : placez les pièces du patron sur le tissu, découpez-les et reportez-y les repères de couture. Disposez les pièces sur la table dans leur position finale (celle dans laquelle elles seront assemblées). Travaillez d'abord séparément sur chaque pièce : passants de ceinture, poches, fermeture à glissière et ceinture. Assemblez ensuite les différents éléments entre eux (couture fermée). Piquez la fourche (couture ouverte).

LES PIÈCES,
APRÈS DÉCOUPAGE

Il vous faudra :

- Tissu : 1 m de toile, jean, coton, viscose, stretch ou gabardine de laine
- 1 fermeture à glissière de 20 cm
- 5 boutons de 1 cm
- 35 cm de biais replié assorti pour les finitions
- Tissu thermocollant pour la ceinture si vous utilisez un tissu souple (100 cm x 10 cm)

PASSANTS DE CEINTURE

2/

Fermez les bandes de tissu sur la longueur avec un petit point zigzag. Faites un point d'arrêt supplémentaire sur l'une des extrémités (piquez quelques points en effectuant un aller-retour). Vous avez ainsi 6 fils de couture pour retourner votre bande de tissu. Pliez un fil de fer en deux et glissez-le dans la bande. Nouez les fils de couture au « chas » du fil de fer et retournez la bande sur l'endroit.

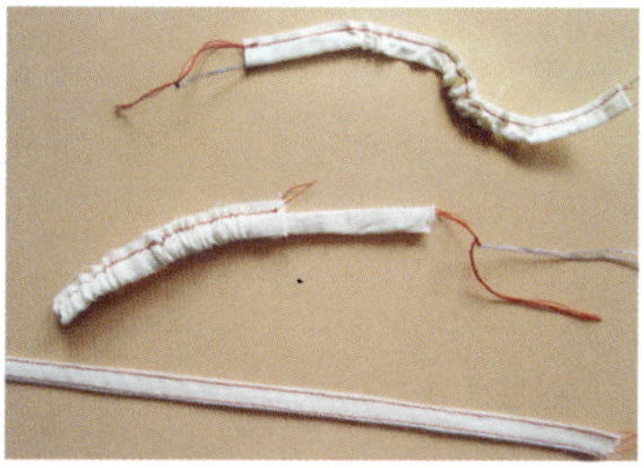

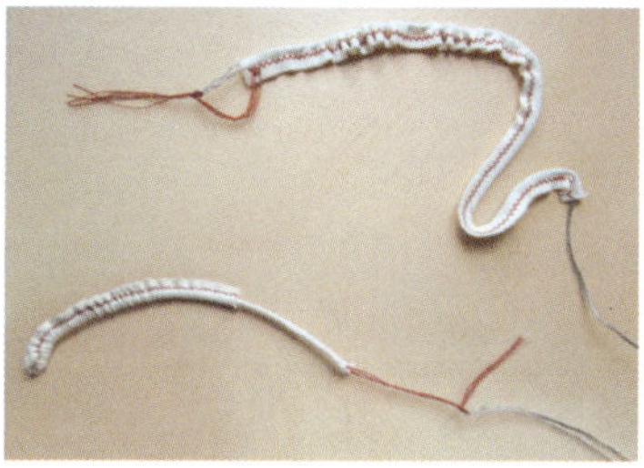

3/

Coupez les passants à la bonne longueur et posez-les sur les devants et dos de l'empiècement de hanche.

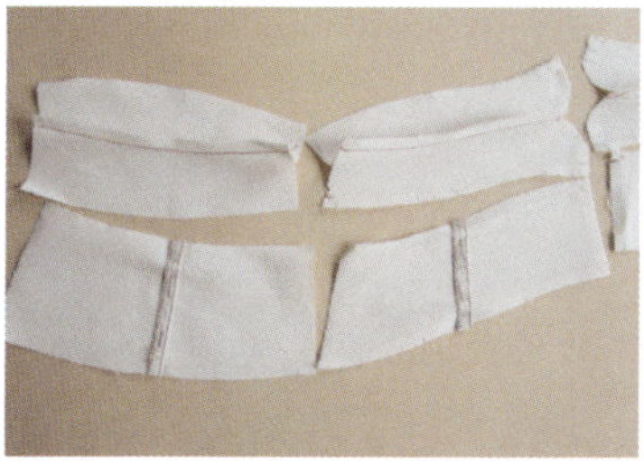

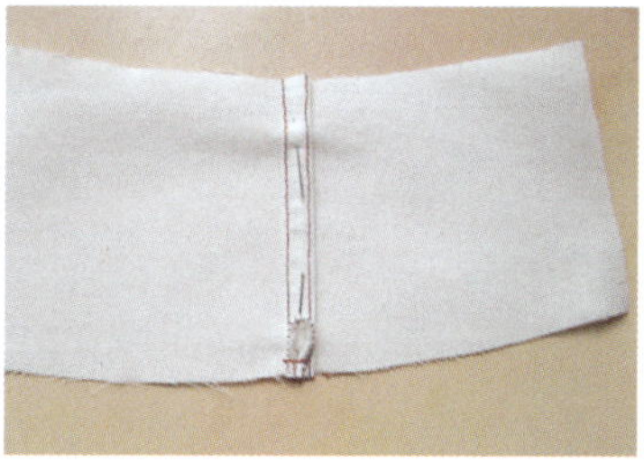

4/

Réalisez 5 brides : 2 pour les boutons des poches, 3 pour fermer la ceinture. Procédez de la même manière que pour les passants, mais en plus étroit.

5/

Sur les devants de l'empiècement de hanche, fixez les brides en bas des passants. Ces brides formeront les boutonnières pour les boutons des poches.

POCHES

6/

Fixez les épaisseurs de poche sur l'empiècement de hanche et sur le devant du pantalon. Piquez jusqu'aux coins des poches, sans empiéter sur les marges de couture. Épinglez, endroit contre endroit, l'empiècement de hanche rabattu sur les devants. Superposez les épaisseurs de poche et piquez le pourtour. Faites bien coïncider les coins des poches. La couture du pourtour des poches doit commencer et s'arrêter sur celle du haut de la poche, sans dépasser sur la marge de couture des devants du pantalon.

7/

Les épaisseurs des poches sont maintenant assemblées. Repassez les marges de couture vers les poches. Piquez l'empiècement de hanche sur les devants du pantalon, de part et d'autre de l'ouverture des poches.

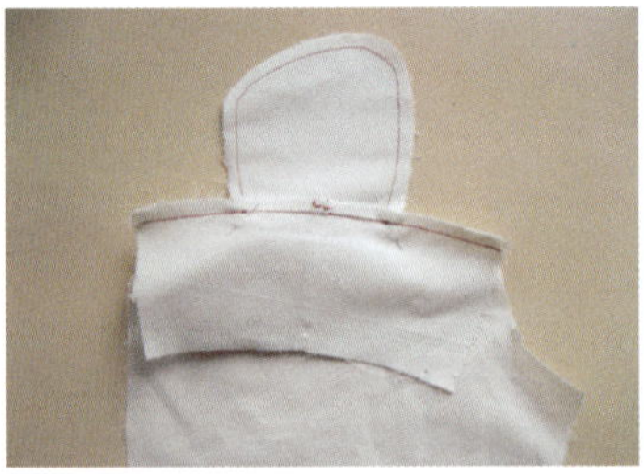

8/

Ouvrez les coutures au fer à repasser. Vos poches sont terminées !

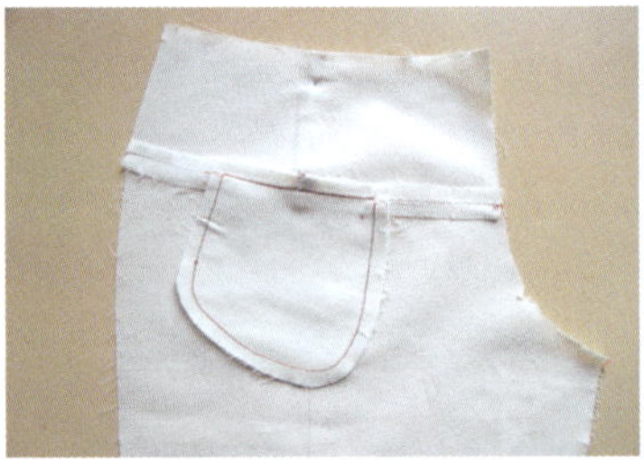

FERMETURE À GLISSIÈRE

9/

Préparez les éléments. Piquez la parementure simple sur le devant droit. Retournez et repassez la parementure.

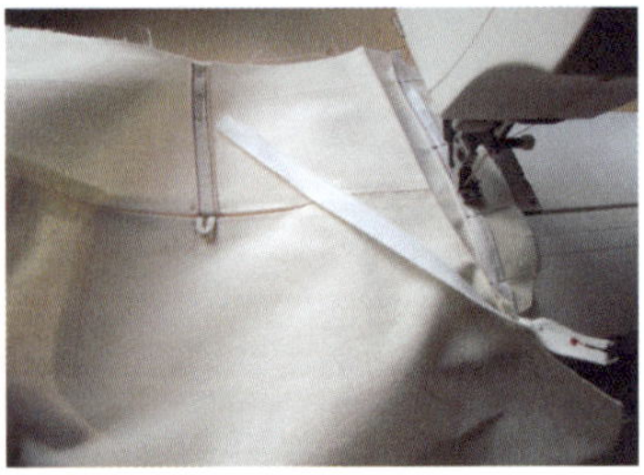

10/

Ouvrez la fermeture à glissière et posez-la endroit contre endroit sur la parementure. Piquez le ruban droit de la fermeture sur cette parementure à 1 cm du bord cousu.

11/

Piquez le ruban gauche de la fermeture à glissière sur le devant gauche, en alignant le bord du ruban avec le bord du tissu.

12/

Pliez en deux la parementure double ou la « sous-patte ». Piquez-la sur le bord du ruban gauche de la fermeture à glissière. Votre ruban gauche est donc pris en sandwich entre le devant gauche et la sous-patte.

13/

Avec le pied fermeture à glissière, piquez la fourche (piqûre d'assemblage des jambes du pantalon entre elles) du M devant par une couture ouverte. Soignez bien la transition de la fourche avec la fermeture à glissière. Aidez-vous pour cela des repères de couture de la fourche.

14/

Fermez la fermeture à glissière. Repassez et épinglez soigneusement le rabat de la fermeture. À la base de la fermeture, fixez la fermeture à glissière, la parementure et la sous-patte par une courte surpiqûre horizontale, perpendiculaire à la fourche. Ouvrez la fermeture à glissière. Réalisez une surpiqûre verticale le long de la glissière sur le devant droit du pantalon, en partant du dernier point de la couture horizontale que vous venez d'exécuter. Attention à ne pas prendre le côté gauche dans la couture !

CEINTURE

Ou brodez des boutonnières classiques une fois le pantalon achevé.

15/

Fixez 3 brides boutonnières sur le M devant droit de la ceinture.

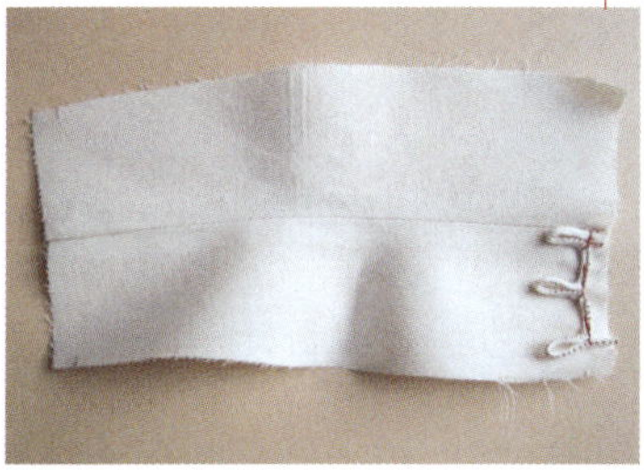

16/

Montez la ceinture. On comprend maintenant pourquoi le devant droit de la ceinture est moins long que le devant gauche : le bord du devant gauche est aligné à la sous-patte de la fermeture.

17/

Repliez la ceinture endroit contre endroit. Piquez les coutures du M devant. Pliez et repassez les marges de couture du bord inférieur. Dégarnissez les angles pour éviter les surépaisseurs.

19/

Piquez la découpe en V du M dos de la ceinture (retournée sur l'envers).

20/

Retournez la ceinture sur l'endroit. Faites bien ressortir les coins et repassez soigneusement le bord.

18/

Le devant du pantalon est terminé !

22/

Retournez la ceinture sur l'intérieur du vêtement. Pliez la marge de couture du bord inférieur de la ceinture et repassez-la vers la ceinture.

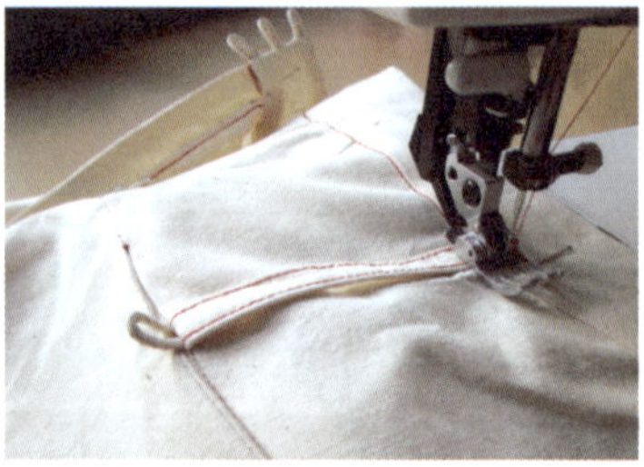

23/

Surpiquez le bord inférieur de la ceinture. Travaillez sur l'endroit du vêtement afin de pouvoir piquer exactement sur la ligne de couture. (Vous pouvez aussi coudre la ceinture à la main sur l'intérieur du pantalon.)

21/
Superposez le devant et le dos du pantalon, endroit contre endroit. Fermez les coutures des côtés et les coutures d'entrejambe (couture ouverte au fer).
Faites bien coïncider les coutures ouvertes de la fourche du devant et du dos.

24/
Cousez tous les boutons sur le pantalon.

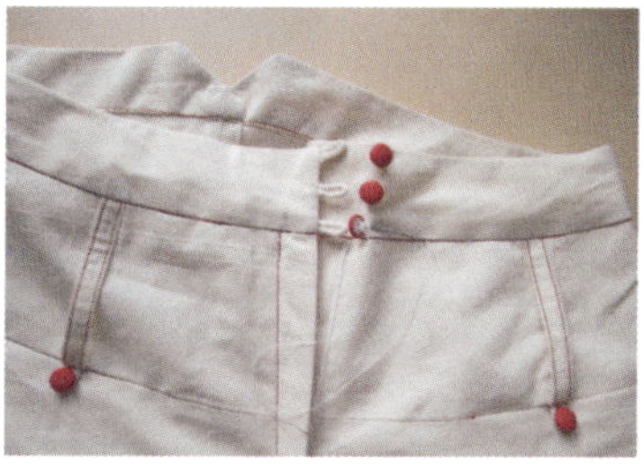

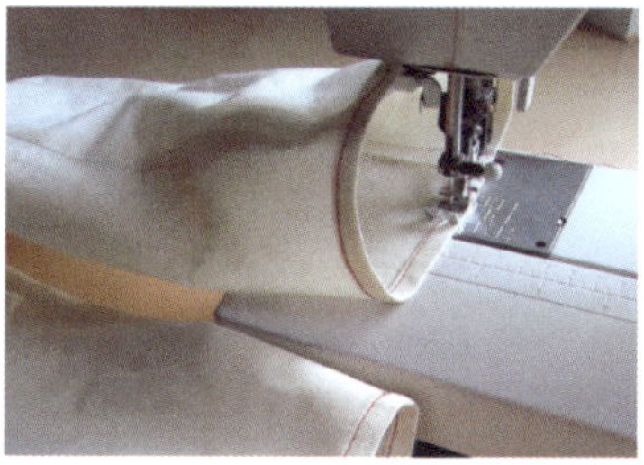

25/
Piquez un ourlet double au bas des jambes.

PANTALON DE JOGGING

Confectionnez le même pantalon dans un tissu extensible (type jersey ou jersey de satin brillant), sans fermeture à glissière. Optez pour un élastique ou un lien à nouer à la taille. Vous pouvez dans ce cas supprimer la découpe en V du dos. Faites blouser le bas des jambes en posant une bordure.

PLAN DE COUPE SUR
1 MÈTRE DE TISSU

LE CHEMISIER BOUTONNÉ À COL PLAT

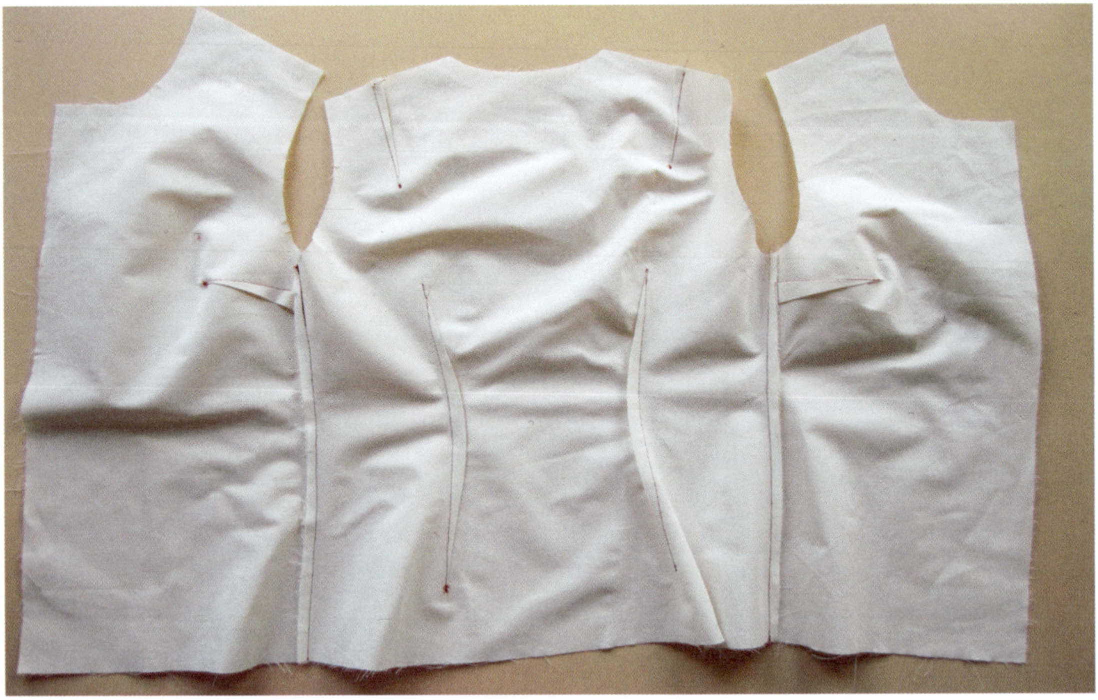

1/

Consultez les premières étapes décrites à la p. 14 : placez les pièces du patron sur le tissu, découpez-les et reportez-y les repères de couture. Disposez les pièces du patron sur la table dans leur position finale (celle dans laquelle elles seront assemblées). Piquez toutes les pinces et les côtés (couture fermée). Repassez les marges de couture des côtés vers le devant, et les pinces dos vers le M dos. Pour une coupe droite et plus loose, vous pouvez faire abstraction des pinces verticales du dos. Ne formez ces pinces que si vous désirez un vêtement cintré.

LES PIÈCES,
APRÈS DÉCOUPAGE

Il vous faudra :
- Tissu : 1 m de coton, lin, crêpe, voile de coton ou de soie
- 7 boutons de 1,5 cm
- Tissu thermocollant si vous utilisez un tissu souple (100 cm x 50 cm)

COL

2/
Assemblez les coutures d'épaule (couture fermée).

3/
Superposez les deux pièces du col, endroit contre endroit. Piquez en décalant les marges de couture de quelques millimètres, de sorte que le dessus du col soit un peu plus long que le dessous.

4/
Crantez et dégarnissez les marges de couture et les angles pour éviter les surépaisseurs.

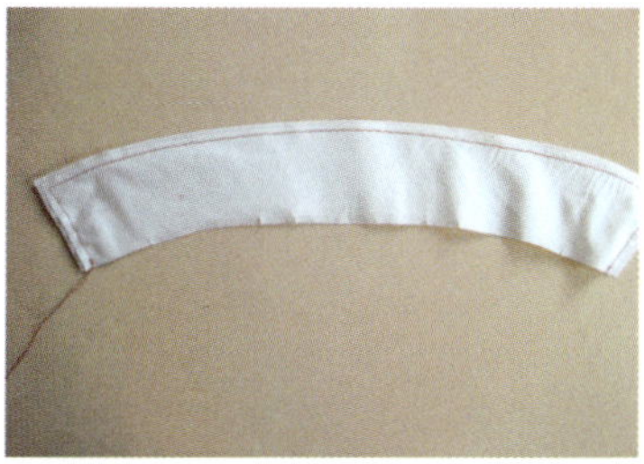

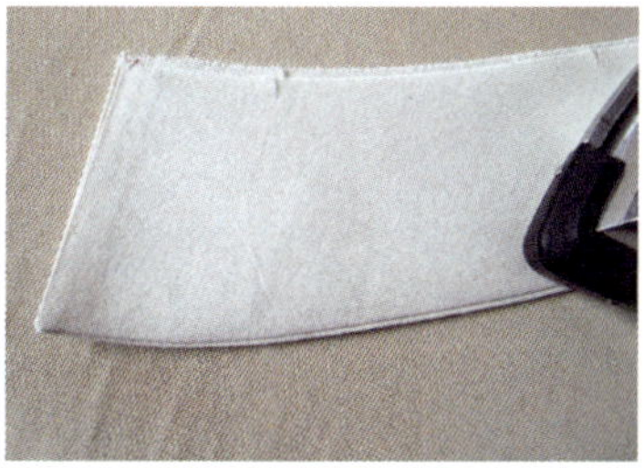

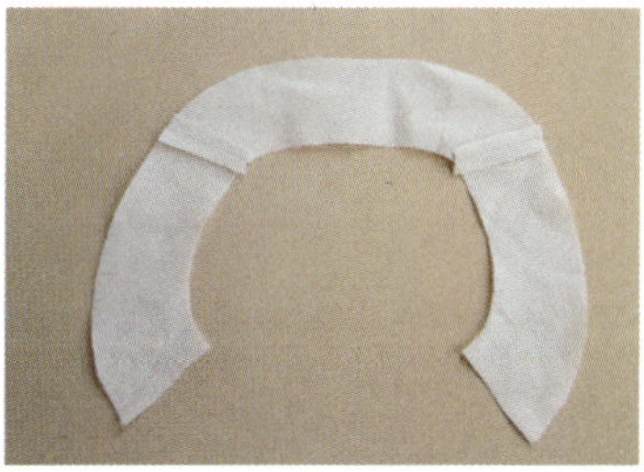

5/
Retournez le col sur l'endroit et repassez le bord. Faites basculer la couture sur le dessous du col pour qu'elle ne soit pas visible sur le dessus.

6/
Épinglez le col sur l'encolure du corsage. Le dessus du col (le côté le plus long) est orienté vers le haut. Aidez-vous des repères pour assembler correctement le col sur l'encolure. Piquez en commençant à côté de la patte de boutonnage du M devant.

7/
Piquez les coutures d'épaule de la parementure d'encolure (couture ouverte).

PAREMENTURE D'ENCOLURE ET FERMETURE

8/

Sur les deux pans du corsage, repliez sur l'endroit la patte de boutonnage en suivant la ligne de pliure. Positionnez la parementure sur l'encolure, endroit contre endroit. Assemblez, endroit contre endroit, les extrémités de la parementure d'encolure et les replis de la patte de boutonnage en piquant à 1 cm du bord. Repassez les marges de couture de la patte de boutonnage vers le M devant. Vous obtenez une patte de boutonnage double de 2,5 cm de large. Piquez la parementure sur tout le tour de l'encolure, le col est pris en sandwich entre la parementure et le corsage. Recoupez les marges de couture à différentes largeurs et crantez. Dégarnissez les angles.

9/

Retournez la parementure sur l'intérieur du corsage. Faites bien ressortir les coins. Surpiquez la parementure au ras de la couture.

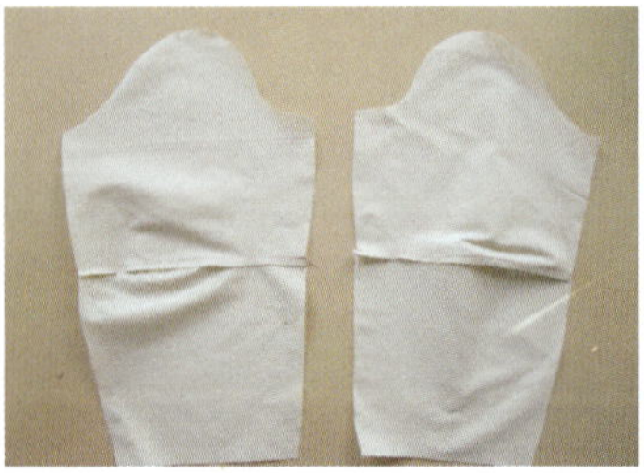

10/

Assemblez les pièces des manches.

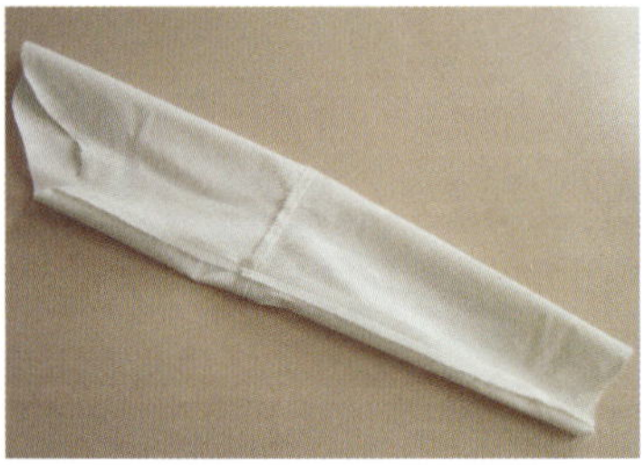

11/

Fermez la manche sur sa longueur.

12/

Retournez la manche sur l'endroit et insérez-la dans l'emmanchure. La tête de manche peut vous paraître plus longue que l'emmanchure, c'est normal ! La marge extérieure d'une couture courbe est toujours plus longue que la couture elle-même. De plus, la tête de manche comporte un excédent de tissu ou « embu » qu'il faut répartir dans l'emmanchure lors du montage. Cet excédent permet d'apporter l'aisance nécessaire pour l'arrondi de l'épaule.

13/
Retournez le chemisier sur l'envers et glissez la manche à l'intérieur de l'emmanchure. Épinglez d'abord les repères, la couture du dessous-de-bras et l'épaule. Répartissez ensuite le reste du tissu entre les crans de montage. Pour une répartition uniforme, n'hésitez pas à utiliser beaucoup d'épingles.

14/
Piquez du côté de la manche, vous pouvez y accéder facilement avec le pied de la machine. Tirez doucement sur le tissu pour éviter la formation de faux plis au niveau des épingles.

15/
Vérifiez que votre couture est bien lisse et que l'embu a été uniformément réparti. Retirez les épingles.

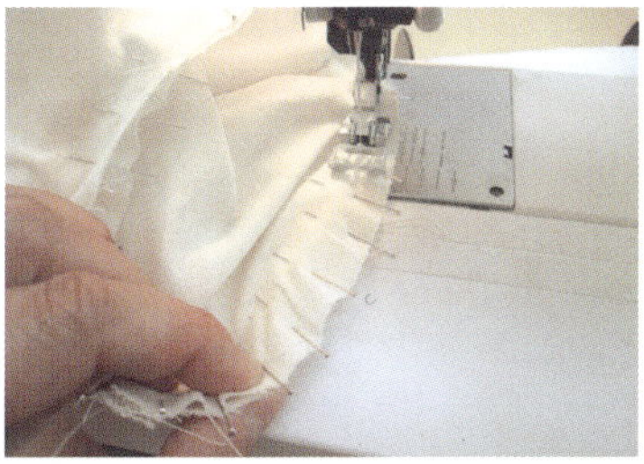
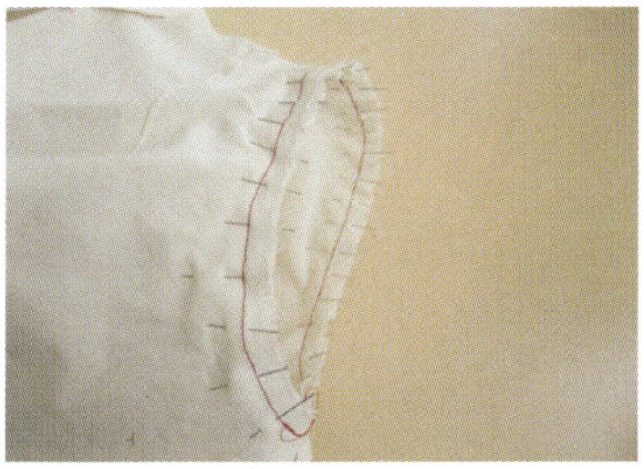

16/
Retournez le chemisier sur l'endroit. Repassez les marges de couture vers la tête de manche.

17/
Votre première manche est montée ! Vous pouvez maintenant vous attaquer à la deuxième.

18/
Piquez un ourlet double sur le bas de chaque manche.

19/

Boutonnières : sélectionnez un point zigzag court. Votre machine possède peut-être une fonction boutonnière automatique. Vérifiez d'abord que le point zigzag est assez serré. Utilisez le pied boutonnière pour définir la longueur de vos boutonnières. Brodez les boutonnières sur le côté droit du chemisier.

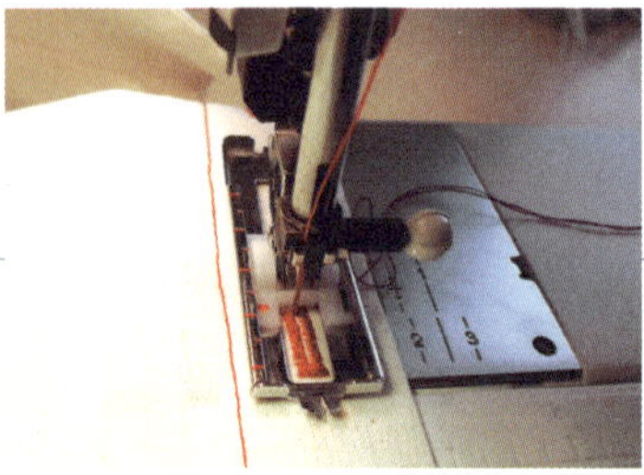

20/

Ouvrez les boutonnières à l'aide d'un découd-vite (attention à ne pas couper trop loin !). Partez de la pointe de la boutonnière et coupez vers le milieu.

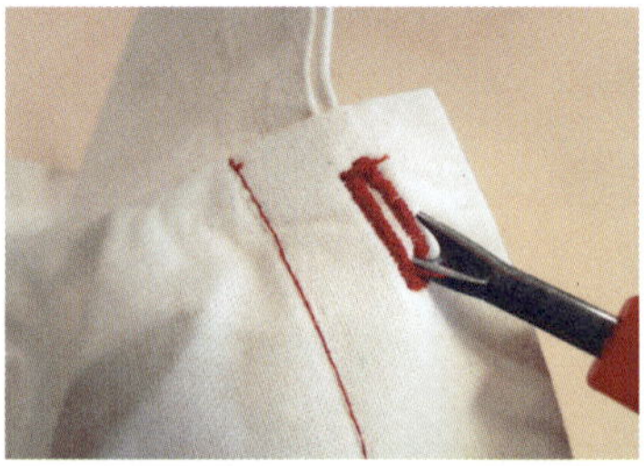

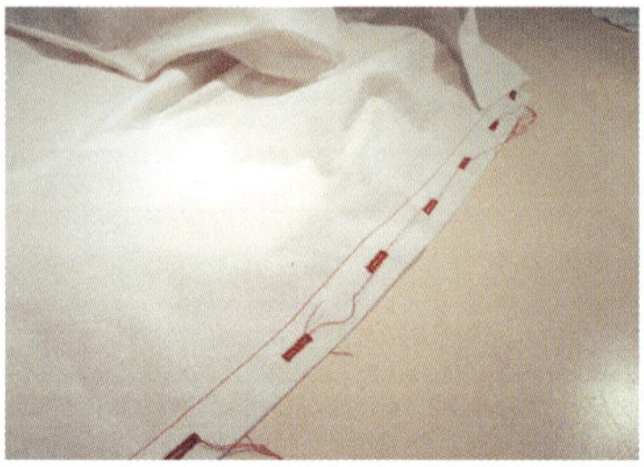

21/

Prenez soin de coudre les boutonnières à égale distance les unes des autres, et bien alignées au milieu de la patte. Coupez les fils de couture.

22/

Cousez les boutons sur le côté gauche du chemisier. Assurez-vous qu'ils se trouvent exactement en face des boutonnières.

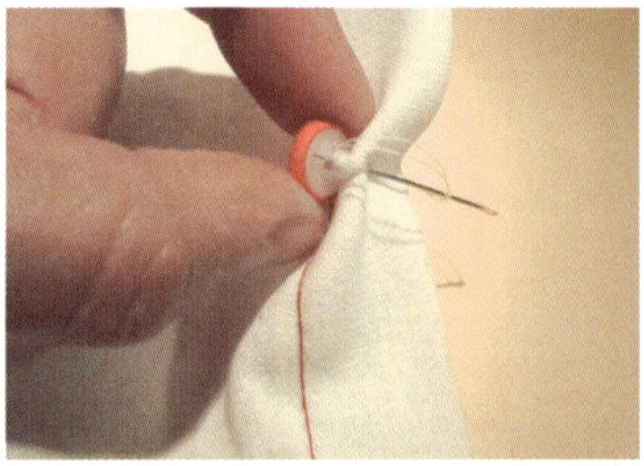

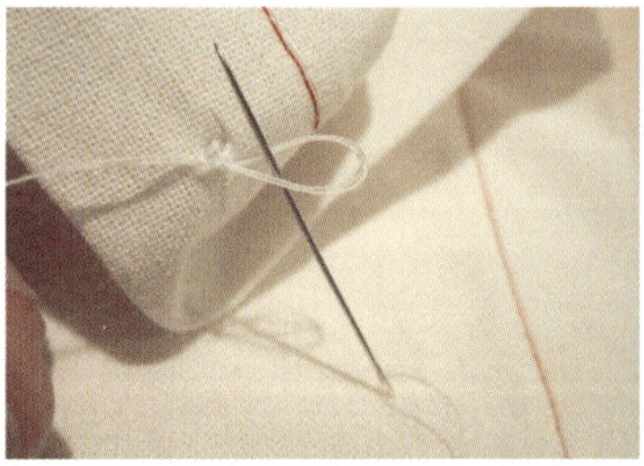

23/

Consolidez les boutons sur l'envers: faites passer l'aiguille dans les points puis dans la boucle formée par le fil, et tirez pour faire un nœud. Répétez l'opération plusieurs fois pour éviter que les boutons ne se détachent.

En optant pour un tissu plus épais, vous pouvez confectionner une jolie veste à col plat !

Vous pouvez éventuellement couper vos poches dans une chute de tissu ou de doublure assortie et les doubler. Une fois retournées, elles auront des contours nets et réguliers. Cette technique est particulièrement recommandée pour les tissus épais ou souples.

24/

Posez un biais sur le bord d'ouverture des poches. Crantez les marges de couture des arrondis.

26/

Épinglez les poches à la même hauteur sur chacun des pans du chemisier.

27/

Surpiquez le pourtour des poches. Faites un point d'arrêt au début et à la fin de la couture. Laissez le haut de la poche ouvert.

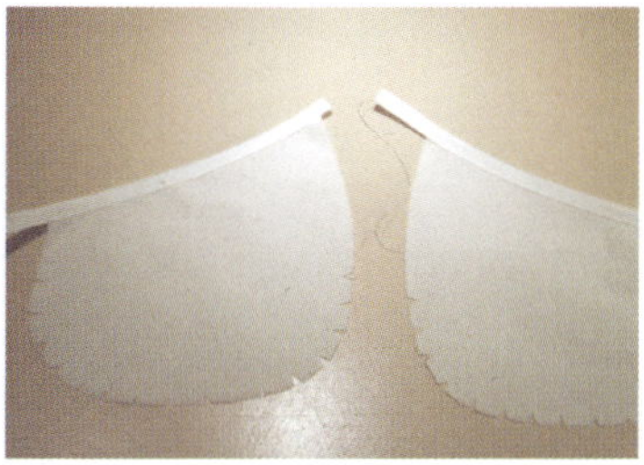

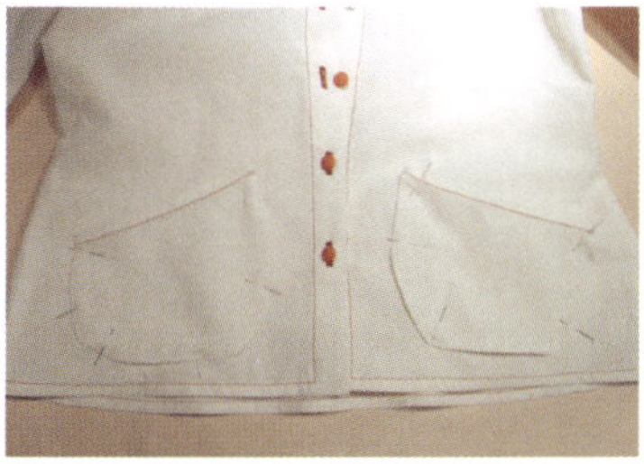

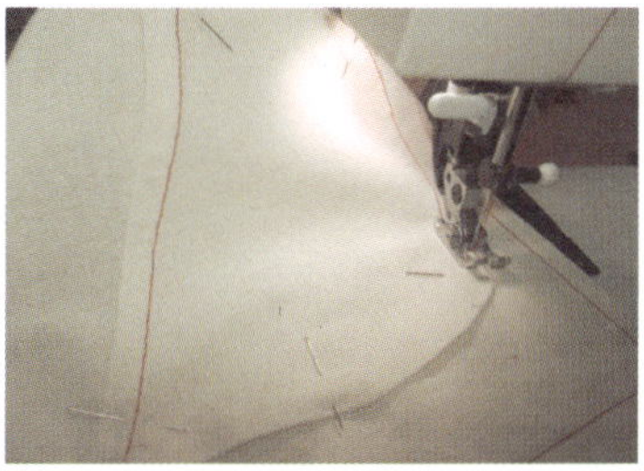

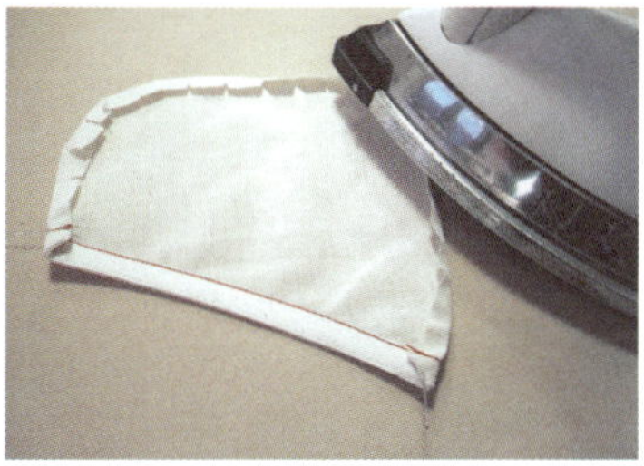

25/

Repliez les marges de couture des poches au fer à repasser. Veillez à former une courbe bien régulière.

LE CHEMISIER BOUTONNÉ À COL PLAT

VARIANTE : LA VESTE AVEC FERMETURE À GLISSIÈRE SÉPARABLE

28/

Vous souhaitez fermer la veste par une fermeture à glissière séparable ? Découpez le repli de la patte de boutonnage sur toute sa longueur en suivant la ligne de pliure du patron. Piquez les rubans de la fermeture à glissière sur les devants de la veste.

29/

Avec un pied fermeture à glissière, piquez endroit contre endroit les rubans de la fermeture à glissière sur les devants, à 1 cm du bord. Les dents de la fermeture sont dirigées vers le côté.

Il vous faudra :

- Tissu : 1 m de tissu épais tissé, gabardine de laine ou jersey lourd
- 1 fermeture à glissière séparable de 50 cm
- Tissu thermocollant si vous utilisez un tissu souple (100 cm x 50 cm)
- 3 m de biais replié pour les finitions (fermeture, bords inférieurs, parementure du col et poignets)

LA VESTE AVEC FERMETURE À GLISSIÈRE SÉPARABLE

30/

Piquez la fermeture à glissière en sandwich entre la veste et la bande de repli que vous avez découpée auparavant, et qui vous sert à présent de parementure.

31/

Assemblez d'abord les extrémités de la parementure aux bandes de repli. Piquez ensuite la parementure sur tout le tour de l'encolure. Recoupez les marges de couture à différentes largeurs et crantez. Dégarnissez les angles. Pour des finitions soignées, vous pouvez éventuellement poser un biais sur le bord de la parementure.

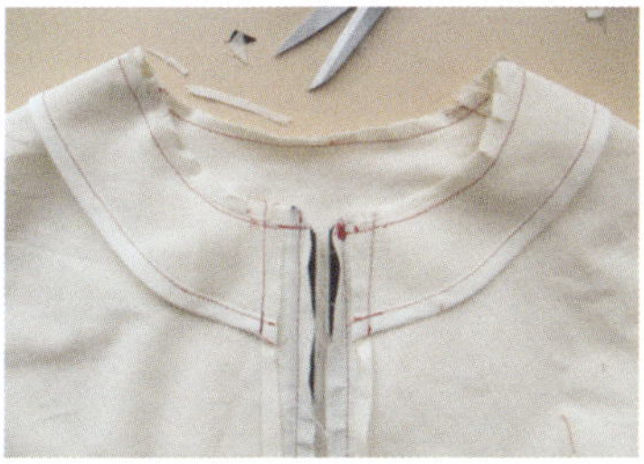

32/

Retournez la parementure de l'encolure et de la fermeture à glissière sur l'intérieur de la veste et repassez. Surpiquez le pourtour de la parementure sur le corps de la veste pour maintenir la parementure en place. Les finitions de votre fermeture à glissière sont propres et soignées. Montez les manches et les poches comme expliqué précédemment (étapes 10 à 27).

Aiguille double : deux aiguilles reliées à un seul talon, permettant de réaliser une piqûre double. Le pince-aiguille de la machine à coudre ne peut en effet accueillir qu'un seul talon d'aiguille.

Bâtir : piquer une couture provisoire et grossière destinée à maintenir les pièces en place avant leur assemblage par la couture définitive.

Biais : bande de tissu coupée dans l'oblique, servant à la finition de bords arrondis (encolure, emmanchure) ou d'ourlets arrondis. Le biais s'emploie aussi pour finir proprement les marges de couture à l'intérieur d'un vêtement non doublé. On trouve en mercerie du biais prédécoupé et pré-plié, en différentes couleurs et largeurs.

Couture avec embu : couture d'assemblage de deux bords de longueurs différentes. Cette couture exige de répartir uniformément l'excédent de tissu du bord le plus long entre les repères du bord le plus court, en faisant coïncider ces repères. De légères ondulations vont se former sur le bord le plus long. Les marges de couture sont repassées vers la pièce la plus longue.

Couture de l'entrejambe : la couture fermant la jambe de pantalon sur l'intérieur de la jambe.

Couture du côté : couture fermant les pans d'un vêtement sur le côté du corps.

Boutonnière passepoilée: boutonnière dont la fente est bordée de deux fines pièces de tissu coupées dans le biais.

Col tailleur : col à revers composé de 2 éléments, un dessus et un dessous de col.

Couture du dessous-de-bras : couture du dessous de la manche. Cette couture se situe généralement dans le prolongement de la couture de côté du vêtement.

Couture élastique (ou extensible) : couture réalisée à l'aide d'une aiguille double et de deux fils de bobine. On obtient une piqûre double sur l'endroit et un point zigzag sur l'envers qui rend la couture élastique. Les marges de couture sont ensuite surjetées ensemble et se couchent naturellement du côté du zigzag.

Couture fermée : couture dont les marges sont surfilées ensemble au point zigzag ou à la surjeteuse après assemblage, puis couchées d'un côté au fer à repasser. Ce type de couture, souvent utilisé dans la confection, est particulièrement indiqué pour un vêtement non doublé.

Couture ouverte : couture dont les marges ont été surfilées séparément au point zigzag ou à la surjeteuse avant la piqûre. Les marges de couture sont ensuite ouvertes et aplaties au fer. Ce type de couture est conseillé pour les tissus épais.

Découd-vite : petit outil tranchant et pointu, très pratique pour fendre les boutonnières ou découdre les coutures malencontreuses.

Embu : excédent de longueur d'une pièce par rapport à une autre, que l'on résorbe de manière invisible (c'est-à-dire sans fronces ni plis). On étire le bord le plus court et on comprime le bord le plus long pour faire coïncider les lignes de couture.

Entoilage thermocollant (ou toile thermocollante) : toile fine dont l'une des faces est encollée. Sous l'effet de la chaleur du fer à repasser, la colle fond et fait adhérer l'entoilage au tissu.

Cranter et dégarnir les marges de couture

Cranter : pratiquer des entailles dans la marge de couture afin de pouvoir bien aplatir la couture au fer à repasser. On évite ainsi que les marges de couture ne « tirent » et déforment la couture.

Dégarnir : recouper l'excédent de tissu (en faisant des encoches) dans les marges de couture et les angles afin d'éviter des surépaisseurs disgracieuses. Le crantage et le dégarnissage sont des étapes essentielles pour obtenir un joli rendu une fois la pièce retournée. Les bords francs d'une marge de couture sont souvent recoupés à des largeurs différentes pour éviter l'apparition d'une marque sur l'endroit du vêtement.

Fourche : couture d'assemblage des deux jambes du pantalon.

Longueur de point : longueur réglable du point de piqûre. Un point court donne une couture résistante, un point long permet une plus grande rapidité d'exécution.

M devant = Milieu devant : ligne du milieu du devant.

M dos = Milieu dos : ligne du milieu du dos.

Manche chauve-souris : manche kimono large qui se rétrécit vers le poignet.

Manche droite de base : manche classique ou manche en une seule pièce. Attention : dans ce livre, une manche classique peut comporter une couture horizontale au niveau du coude. Bien que cette couture partage la manche en deux, il ne faut pas la confondre avec une « manche en deux pièces ».

Manche en deux pièces : manche tailleur ou manche composée de 2 pièces et dont la forme, définie par les coutures verticales, épouse la courbure du bras.

Marge de couture (aussi appelée surplus de couture) : marge supplémentaire de 1 cm laissée tout autour du patron. La ligne de couture correspond au tracé du patron. Après assemblage des pièces, les marges de couture se retrouvent à l'intérieur du vêtement. Elles sont ouvertes au fer à repasser ou couchées d'un côté (voir couture ouverte et fermée).

Ourlet double : ourlet de 1 cm constitué d'un double repli (le tissu est replié sur lui-même) qui enferme le bord franc pour qu'il ne soit pas visible à l'intérieur du vêtement.

Manche kimono : manche coupée d'un seul tenant avec le corsage au niveau de l'aisselle pour l'incrustation d'une pièce triangulaire appelée « soufflet » ou « gousset ».

Manche raglan : manche en 2 pièces (devant et dos), dont l'emmanchure monte en biais jusqu'à l'encolure.

Manchon (ou mancheron) : petite manche très courte recouvrant l'épaule, fixée uniquement sur le haut de l'emmanchure.

Ourlet roulotté : ourlet double très étroit pouvant être réalisé à l'aide d'un pied ourleur.

Pans ou Panneaux : pièces du patron.

Parementure(s) : pièces du patron cousues ou repliées sur l'intérieur du vêtement pour doubler le col, l'encolure ou la ceinture. On renforce généralement ces pièces avec un entoilage thermocollant pour leur donner plus de rigidité.

On dit que la parementure est « rapportée » lorsqu'elle a été coupée séparément de la pièce, puis cousue à celle-ci pour former une double épaisseur. Une parementure est « à même » lorsqu'elle a été taillée directement avec la pièce puis repliée sur celle-ci.

Perforation : point de repère pratiqué à l'aide d'un poinçon pour marquer l'emplacement d'une pince ou d'une boutonnière.

Pied avec guide de couture : accessoire – variante du pied presseur ordinaire – permettant de réaliser une couture parfaitement parallèle au bord ou à une autre couture.

Pied fermeture à glissière : accessoire permettant de piquer au plus près des dents d'une fermeture à glissière. Ce pied ressemble à un pied presseur ordinaire que l'on aurait coupé en deux.

Plan de coupe : plan de disposition des pièces du patron sur le tissu. Vérifiez bien de quel côté se trouve la pliure du tissu et tenez-en compte pour le placement des pièces. Si plusieurs pièces du patron doivent être posées sur le pli, il est parfois nécessaire de plier le tissu des deux côtés.

Pli ou Pliure (du tissu) : côté où le tissu à couper est plié en deux. Certaines pièces du patron sont disposées sur le pli pour vous permettre de couper une pièce entière à partir d'un patron représentant la moitié de la pièce.

Pied fermeture (à glissière) invisible : accessoire – variante du pied presseur ordinaire – qui écarte et aplatit la spirale d'une fermeture invisible pour permettre de piquer en une seule fois dans le creux de la spirale, tout près des dents.

Pince (pince de poitrine, d'épaule, de cintrage) : couture réalisée sur un pan du vêtement. Contrairement à une couture d'assemblage servant à attacher plusieurs pièces ou bords entre eux, une pince consiste à rétrécir localement une pièce en cousant un petit pli de tissu. Une pince présente toujours au moins une extrémité qui se termine en une pointe fine (pince simple). Une pince de cintrage comporte deux pointes (pince double).

Soufflet (ou gousset) : petite pièce triangulaire, caractéristique de la manche kimono, incrustée sous le bras au niveau de l'aisselle pour donner de l'aisance. Le soufflet peut être dessiné sur une partie de la manche ou du corsage.

Surfiler à la surjeteuse : finir les bords francs du tissu à la surjeteuse pour qu'ils ne s'effilochent pas.

Surfiler au point zigzag : appliquer une couture au point zigzag sur les bords du tissu pour éviter qu'ils ne s'effilochent.

Tension du fil : tension réglable exercée sur le fil de l'aiguille. Si la tension est trop faible, des boucles se forment sur l'envers de la couture. Si la tension est trop élevée, le fil sera excessivement tendu sur le dessus de la piqûre. La tension du fil inférieur (fil de canette) se règle en resserrant ou dévissant légèrement la vis du boîtier de canette.

Tête de manche : partie arrondie du haut de la manche, venant s'emboîter dans l'emmanchure.

Transport différentiel : bouton de réglage de la surjeteuse permettant de moduler la cadence des griffes d'entraînement du tissu. Entraîné plus ou moins rapidement d'après la vitesse de piqûre, le tissu sera donc froncé ou, au contraire, étiré.

Valeur de pince : le surplus de tissu dissimulé à l'intérieur du vêtement une fois la pince cousue. Vous pouvez augmenter ou diminuer la valeur des pinces de cintrage pour les ajuster à vos mensurations ou pour creuser plus ou moins la taille du vêtement.

FINITIONS COURANTES

Vous avez des hésitations ? Une description n'est pas tout à fait claire ?

Reportez-vous au pas à pas d'un autre modèle et consultez l'explication de la même technique ou étape. Il suffit parfois d'une photo, d'une image ou d'un mot dans un autre contexte pour provoquer le déclic ! J'ai tenté d'expliquer et d'illustrer toutes les étapes de la réalisation de chaque vêtement dans l'ordre logique de leur exécution. Certaines finitions et photos pourront donc apparaître plusieurs fois dans ce livre.

Fermeture à glissière invisible : voir la robe cintrée p. 33, la jupe corolle p. 51, la robe à emmanchures américaines p. 67, la robe trapèze à manches kimono p. 75, la jupe droite p. 83, le short et le pantalon large p. 101.

Fermeture à glissière séparable : voir le blouson perfecto p. 23, le sweat à capuche p. 43, le top à manches raglan p. 101, la veste p. 128.

Finition avec biais : voir le bustier p. 51, la robe à emmanchures américaines p. 67, la robe tunique p. 93.

Ourlet double : voir le blouson perfecto p. 23, la robe à emmanchures américaines p. 67, le pantalon moulant p. 113, le chemisier p. 121.

Ourlet invisible : voir la robe cintrée p. 33, la jupe droite p. 83, le short et le pantalon large p. 101.

Ourlet extensible à l'aiguille double : voir le sweat à capuche p. 43, variations sur un T-shirt p. 59, la robe trapèze à manches kimono p. 75.

Retourner les brides : voir le bustier p. 51, la robe à emmanchures américaines p. 67, le col fantaisie p. 83, le pantalon moulant p. 113.

{ MARIJKE SILEGHEM

Marijke Sileghem a la fibre artistique dans le sang ! Ses parents se sont rencontrés sur les bancs des Beaux-Arts et ont mené une carrière jalonnée d'expositions, de vernissages et de voyages artistiques. Sa sœur Karlijn est une célèbre actrice flamande.

Après des études d'*Art graphique et de Création de mode et de costumes de théâtre* à l'Académie royale des beaux-arts d'Anvers où elle suit notamment les cours du créateur Walter Van Beirendonck et du peintre, sculpteur et compositeur Walter Vilain, Marijke Sileghem enchaîne avec une formation en *Éducation et pédagogie en arts plastiques*. Se démarquant par sa motivation et son talent, elle décroche ses diplômes avec les félicitations du jury. À son palmarès viennent s'ajouter des prix prestigieux : le Gustaaf de Bruyne pour le dessin de modèle en 1989, et l'année suivante le R. Looymans pour le dessin. Elle participe par la suite à un grand nombre d'expositions et de défilés collectifs, organise des défilés de mode et réalise les costumes de plusieurs productions théâtrales. En marge de ces activités, elle se consacre depuis 2007 à sa propre collection.

Bénéficiant d'une expérience acquise à la fois dans le secteur privé et l'enseignement artistique, cette créatrice de mode et professeur de stylisme a aujourd'hui plus d'une corde à son arc. Depuis 1990, elle donne des cours de dessin et de création de mode et de costumes à l'Académie Westhoek à Croxyde (Belgique). Toujours en 1990, elle devient l'assistante artistique de la créatrice Kaat Tilley. Marijke participe alors à la conception de la prestigieuse collection de robes de mariée, la collection fillette et la ligne bis de Kaat Tilley. Un rôle qui l'amène à se prononcer aussi bien sur le choix des matières, le design, les patrons et la réalisation, que sur le styling, le maquillage et les coiffures... Cette artiste bourrée de talent maîtrise les finesses techniques et artistiques de toutes les étapes et facettes du processus créatif. Mais, ce qu'elle aime par-dessus tout, c'est créer un vêtement en trois dimensions à partir d'un croquis et en confectionner le prototype, avec tous les défis techniques que cela comporte. Tous ces atouts – stylisme, patronage, modélisme, connaissances des textiles, techniques contemporaines de coupe et de couture – se matérialisent dans son premier ouvrage : *Coudre avec 1 mètre de tissu.*

{ REMERCIEMENTS

« Que peut-on réaliser avec 1 mètre de tissu ? », m'ont demandé mes éditeurs. « Un coussin ? Un sac de plage ? ... »

« Mais non ! Bien plus que cela ! Toute une collection ! Même, *la* tenue parfaite ! », ai-je répondu spontanément. Ils en ont pris note, la machine était lancée...

Puis, de fil en aiguille, l'idée a fait son chemin. J'ai conçu les modèles comme on assemblerait les pièces d'un puzzle, en disposant les patrons sur une feuille de papier de 1 mètre. La symbolique toile de coton, matière dans laquelle les créateurs élaborent leurs modèles, m'a servi de matériau de base pour illustrer le pas à pas de toutes les créations.

Les vêtements ont ensuite été confectionnés dans de jolis tissus confortables et actuels, puis présentés dans un look moderne grâce aux conseils de la styliste Sonja Mertens. Isolde Roels, coiffeuse-visagiste, a réalisé la brillante mise en beauté de nos mannequins (Charlotte, Caroline et Lies). Le photographe Roger Dyckmans a immortalisé ces scènes éphémères en les imprégnant de sa touche si particulière, tandis que Sanny Winters a assuré la rédaction de l'ouvrage jusque dans ses moindres détails.

J'ai vu soudain le produit brut des longues heures de travail dans l'atelier, mon cocon, passer par les rouages d'une mécanique bien huilée et se métamorphoser en un résultat final sensationnel.

Veerle Legein a été un parfait second capitaine dans notre périple. Elle m'a assistée dans l'achat des tissus et a su rompre le silence par le ronronnement de sa machine à coudre. Regine Vanhoutte et Renate Bruns ont contribué avec enthousiasme aux travaux de coupe et de couture.

Toujours prêt à voler à mon secours, Wannes Lernout m'a été d'une aide précieuse pour l'utilisation d'*Illustrator* et la gradation des patrons.

Hilde Deweer, quant à elle, a réussi à rendre le vocabulaire technique plus digeste et « prêt-à-coudre ». Une fois tous ces éléments en place, le tandem de choc Sanny Winters et Tim Oeyen – mes anges gardiens pour l'enchaînement logique des étapes de tous les modèles – a doté l'ouvrage d'une présentation originale. Ce projet n'a rien d'un *one-woman-show*, il repose sur le travail de toute une équipe !

Merci à tous les étudiants stylistes de l'Académie Westhoek de Coxyde pour avoir témoigné autant de curiosité et d'intérêt.

Merci à tous les fans de mode et mordus de couture qui s'inspireront de ce livre pour réaliser leurs projets personnels.

Je remercie aussi ma famille, mes fils Vink et Vigo pour leurs câlins et leur amour inconditionnel, mes parents, mes frères et ma sœur, pour leur présence indéfectible. Et tous les amis qui m'entourent et me rappellent que la vie continue...

...Et Xavier, mon roc, qui habite mes pensées.